NCS
한국전력공사
직무능력검사

4(나)직급 대학 졸업수준(채용형 인턴) 채용 대비

NCS 한국전력공사
직무능력검사 보훈채용 대비

초판 인쇄 2021년 11월 8일
초판 발행 2021년 11월 10일

편 저 자 | 취업적성연구소
발 행 처 | ㈜서원각
등록번호 | 1999-1A-107호
주   소 | 경기도 고양시 일산서구 덕산로 88-45(가좌동)
교재주문 | 031-923-2051
팩   스 | 031-923-3815
교재문의 | 카카오톡 플러스 친구[서원각]
영상문의 | 070-4233-2505
홈페이지 | www.goseowon.com
책임편집 | 김수진
디 자 인 | 이규희

PREFACE

우리나라 기업들은 1960년대 이후 현재까지 비약적인 발전을 이루었다. 이렇게 급속한 성장을 이룰 수 있었던 배경에는 우리나라 국민들의 근면성 및 도전정신이 있었다. 그러나 빠르게 변화하는 세계 경제의 환경에 적응하기 위해서는 근면성과 도전정신 이외에 또 다른 성장 요인이 필요하다.

최근 많은 공사·공단에서는 기존의 직무 관련성에 대한 고려 없이 인·적성, 지식 중심으로 치러지던 필기전형을 탈피하고, 산업현장에서 직무를 수행하기 위해 요구되는 능력을 산업부문별·수준별로 체계화 및 표준화한 NCS를 기반으로 하여 채용공고 단계에서 제시되는 '직무 설명자료'상의 직업기초능력과 직무수행능력을 측정하기 위한 직업기초능력평가, 직무수행능력평가 등을 도입하고 있다.

한국전력공사에서도 업무에 필요한 역량 및 책임감과 적응력 등을 구비한 인재를 선발하기 위하여 고유의 직무능력검사를 치르고 있다. 본서는 한국전력공사 채용대비를 위한 필독서로 한국전력공사 직무능력검사의 출제경향을 철저히 분석하여 응시자들이 보다 쉽게 시험유형을 파악하고 효율적으로 대비할 수 있도록 구성하였다.

신념을 가지고 도전하는 사람은 반드시 그 꿈을 이룰 수 있습니다. 처음에 품은 신념과 열정이 취업 성공의 그 날까지 빛바래지 않도록 서원각이 수험생 여러분을 응원합니다.

STRUCTURE

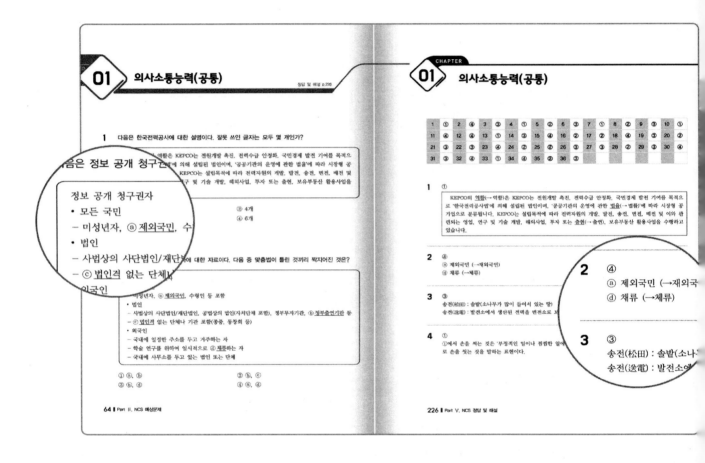

NCS 핵심이론

NCS 직업기초능력 핵심이론을 체계적으로 정리하여 단기간에 학습할 수 있도록 하였습니다.

NCS 예상문제

적중률 높은 영역별 출제예상 문제를 수록하여 학습효율을 확실하게 높였습니다.

NCS 정답 및 해설

문제의 핵심을 꿰뚫는 명쾌하고 자세한 해설로 수험생들의 이해를 돕습니다.

CONTENTS

Company Introduction

• 공사소개

한국전력

좋은 품질의 전기를 안정적으로 공급하면서 '에너지전환'과 '디지털변환'을 주도

전기(電氣)로 국민들의 삶을 지켜온 한국전력은 에너지의 새로운 미래를 준비하고 있다. 깨끗한 전기를 더 많이 만들어 우리의 안전과 환경을 지키고, 강력한 '에너지플랫폼'을 통해 전기사용을 더 쉽고 편리하게 바꾸기 위해 노력하고 있다.

경영방침

Clean Energy, Smart KEPCO

엄정한 윤리의식을 바탕으로 깨끗하고 효율적인 에너지를 공급하며 디지털 변환을 기반으로 더 나은 에너지 세상을 구현하는 한전

가치경영	공공성과 기업성의 조화를 통해 지속가능한 가치창출
윤리경영	투철한 준법정신과 윤리의식으로 국민 신뢰 확보
열린경영	열린 소통과 협력 강화로 전력사업 생태계 역량 결집
혁신경영	기술 · 사업 · 경영시스템 전반의 혁신을 통한 역량 강화

미션

미래 에너지산업을 이끌 글로벌 기업으로 도약

전력수급 안정으로 국민경제 발전에 이바지 : KEPCO는 고품질 전력의 안정적인 공급과 차별화된 고객서비스 제공 및 글로벌 경쟁력 강화를 위해 노력하며, 끊임없는 도전과 혁신으로 미래 에너지산업을 이끌 글로벌 기업으로 도약

Company
Introduction

비전

KEPCO-A Smart Energy Creator

깨끗한 에너지로 미래가치 창출을 통해 따뜻한 에너지 세상을 열어가는 기업

Smart Energy	• 'Smart Energy'란 전력의 생산, 수송, 소비의 전 과정에 친환경·ICT 기술을 결합하여 생산과 소비의 효율을 제고하고 새로운 가치를 창조하는 에너지를 의미한다. • 한전은 Smart Energy를 통해 고객에게는 편리하고 효율적인 에너지를 제공하고, 사회를 위한 더 나은 환경을 만드는 한편, 기업에게는 한전과의 협력을 통한 새로운 비즈니스 기회를 제공하여 새로운 수익과 일자리를 창출해나갈 것이다.
Creator	• 기술과 가치의 융합이 거대한 시대의 물결로 다가오고 있다. 전력산업은 국가경제발전의 근간을 넘어 새로운 기술과 가치가 융합되는 가치창조의 핵심인프라가 될 것이다. • 한국전력은 기존 전력공급 서비스에서 한 차원 더 나아가, 새로운 서비스와 에너지 플랫폼을 통해 고객의 삶의 질을 높이는 기업, '1등'을 넘어 '에너지의 미래'를 이끄는 'First Mover' 한전으로 도약할 것이다.

핵심가치

미래지향 (Future)	도전혁신 (Innovation)	고객존중 (Respect)	사회적 가치 (Social Value)	신뢰소통 (Trust)
우리는 먼저 미래를 준비하고 나아갑니다.	우리는 먼저 변화와 혁신을 추구합니다.	우리는 먼저 고객의 가치를 실천합니다.	우리는 먼저 사회와 환경을 생각합니다.	우리는 소통을 통한 신뢰를 추구합니다.

Company Introduction
● 채용안내

인재상

KEPCO는 무한 경쟁 글로벌 시장에서 패기와 열정으로 창의적이고 혁신적인 미래가치를 실행할 수 있는 인재상을 추구한다.

Global Pioneer	
통섭형 인재 (Generalist)	융합적 사고를 바탕으로 Multi-specialist를 넘어 오케스트라 지휘자와 같이 조직 역량의 시너지를 극대화하는 인재
기업가형 인재 (Entrepreneur)	회사에 대한 무한 책임과 주인의식을 가지고 개인의 이익보다는 회사를 먼저 생각하는 인재
가치창조형 인재 (Value Creator)	현재 가치에 안주하지 않고 글로벌 마인드에 기반을 둔 날카로운 통찰력과 혁신적인 아이디어로 새로운 미래가치를 충족해 내는 인재
도전적 인재 (Passionate Challenger)	뜨거운 열정과 창의적 사고를 바탕으로 실패와 좌절을 두려워하지 않고 지속적으로 새로운 도전과 모험을 감행하는 역동적 인재

KEPCO는 무한 경쟁 글로벌 시장에서 패기와 열정으로 창의적이고 혁신적인 미래가치를 실행할 수 있는 인재상을 추구한다.

채용안내

1. 전형절차

   직무능력검사 및 인성 · 인재상 · 조직적합도검사 → 면접 전형 → 신체검사 → 채용형 인턴근무 시작

2. 지원자격

구분	주요내용
학력 · 전공	• 사무 : 제한 없음 • 전기 : 해당분야 전공자 또는 해당분야 산업기사 이상 자격증 보유자 • ICT : 해당분야 전공자 또는 해당분야 기사 이상 자격증 보유자
외국어	• 대상 : 영어 등 10개 외국어 • 자격기준 : 500점 이상(TOEIC 기준) • 유효성적 : 19.12.2 이후 응시하고 서류접수 마감일시(21.11.5)까지 발표한 국내 정기시험 성적만 인정
연령	• 제한 없음(단, 공사 정년에 도달한 자는 지원불가)
병역	• 병역법 제76조에서 정한 병역의무 불이행 사실이 없는 자
기타	• 당사 인사관리규정 제11조 신규채용자의 결격사유가 없는 자 • 채용형 인턴근무일(21.12.27)로부터 즉시 근무 가능한 자 • 「국가유공자 등 예우 및 지원에 관한 법률 제29조」에 의한 취업지원대상자로서 광주지방 보훈청으로부터 추천 받은 자에 한함

3. 지원서 접수 방법

(1) 「국가유공자 등 예우 및 지원에 관한 법률」에 따라 국가보훈처가 당사에 추천한 자에 한하여 지원서 접수 가능

   ※ 11자리 추천 KEY값 수령 필요

(2) 채용 홈페이지에서 온라인 접수

   입사지원관리 → 지원서 작성 → 보훈특별채용 지원서 작성 클릭 → 추천 KEY 입력 → 본인인증 (아이핀, 핸드폰) → 지원서 작성 → 지원서 제출

   ※ 제출버튼을 최종 클릭해야 지원서가 정상적으로 접수됨

(3) 자기소개서 작성 등을 위해 채용홈페이지에 장시간 접속할 경우, 시스템 과부하로 인해 작성내용 미저장 등 오류 발생 가능성이 있으므로 사전에 워드프로세서를 이용하여 작성 완료 후 웹 화면에 복사입력 요망

(4) 지원서는 1인 1회만 제출할 수 잇으며, 본 채용공고 내 중복지원 불가

4. 전형별 평가요소

(1) 평가항목

평가항목	평가기준	배점	동점자 처리기준
직무능력검사	직무능력검사 점수(100점)	200	① 장애인 ② 면접점수 ③ 직무능력검사
종합 면접	면접 점수(100점)		
인성 · 인재상 · 조직적합도검사	한전 인재상 · 핵심가치 등 적합도 결과	적 · 부	−
신체검사 · 신원조사	−		−

(2) 평가항목별 세부 평가요소

평가항목	사무	전기	ICT
직무능력검사	자원관리능력, 정보능력	자원관리능력, 기술능력	정보능력, 기술능력
	(공통) 의사소통능력, 수리능력, 문제해결능력		
인성 · 인재상 · 조직적합도검사	한전 인재상 및 핵심가치, 태도, 직업윤리, 대인관계능력 등 인성 전반		
종합 면접	전공지식, 직무수행능력, 인성, 조직적합도 등 평가		

※ 직무능력검사 : 각 분야 10문항(총 50문항) / 기술능력의 경우 전공문항이 아닌 NCS유형문항 평가

한전, '공공기관 최초' 「AI 음성인식 고객 안내 서비스」 오픈

– 전기요금 조회, 신용카드 납부, 전기고장 신고 등 음성안내 서비스

한국전력(대표이사 사장 정승일)은 전기요금 조회 등을 고객이 쉽고 빠르게 확인할 수 있도록 10월 5일(화)부터 공공기관 최초로 「AI 음성인식을 통한 고객 안내 서비스」를 오픈했다.

본 서비스에서 제공되는 주요 서비스는 고객정보 및 전기요금 조회, 신용카드(삼성페이 포함) 납부, 이사요금 정산납부, 명의변경 신청, 전기고장신고, 고객센터 연결, 가까운 사업소 안내 등이 있다. (단, 고객번호 및 전기요금 등 개인정보 사항과 관련된 민원업무 서비스 이용은 한전 사이버지점의 로그인 절차가 필요하다.)

한전은 고객이 AI 서비스로 시간과 장소에 구애받지 않고, 모바일 기기를 통해 음성으로 전력정보를 조회하거나 직접 민원 신청을 할 수 있게 됨으로써 사업소 방문이나 고객센터 전화연결 등 고객 불편사항이 줄어들 것으로 기대하고 있다.

앞으로 한전 사이버지점에 음성인식 안내서비스 전용 게시판을 운영하여 고객의 개선 요청사항을 적극 반영할 예정이다.

한전 관계자는 "앞으로 고객의 비대면 업무환경 요구 증대에 따른 고객접점 업무의 모바일 전환 및 디지털 창구 구현을 위해 음성 AI를 활용한 다양한 전력서비스를 선보여 나갈 것"이라고 밝혔다.

－2021. 10. 6.

면접질문	• 고객 서비스 품질 향상을 위한 방안에 대해서 말해 보시오. • 최근 공사에서 실시한 사업에 대해 아는 대로 말해 보시오.

전기차 충전소 검색·예약·결제 원스톱으로! '한전-T맵 결합 전기차 서비스' 출시

– 가깝고 저렴한 최적의 전기차 충전소 추천, 충전예약·결제 기능도 제공
– 한전, 전기차 보급 확대로 '수송 부문 탈탄소화' 가속화 추진

국내 최대 전기차 충전 인프라를 보유한 한국전력(대표이사 사장 정승일)은 내비게이션을 통해 전기차 충전소를 검색하고 예약 및 결제까지 원스톱으로 가능한 차징플래너(Charging Planner) 서비스를 제공해 전기차 이용자들의 편의를 개선할 계획이라고 밝혔다.

한전-T맵 결합서비스인 「차징플래너(Charging Planner)」는 네비게이션을 활용하여 경로상 가까운 위치, 충전기 상태(현재 충전기 사용 여부, 충전기 고장 여부), 충전요금 정보를 감안하여 최적의 전기차 충전소를 추천해주고, 이용자가 희망하는 시간에 충전할 수 있는 충전예약 기능과 결제 서비스를 제공하는 전기차 충전서비스이다.

이외에도 한전은 티맵과 협력하여 주차요금 할인 간편결제 서비스도 개발하여 전기차 충전 후 출차 시 주차요금을 자동 할인받을 수 있도록 할 계획임. 현재까지는 전기차 이용자가 주차요금 할인을 받기 위해서는 출차 시 고객센터 방문 또는 CCTV를 이용해 주차장 운영사에 할인을 요청해야 하는 불편이 있었다.

향후 한전 충전기뿐만 아니라 여러 민간사업자의 충전기도 차징플래너 편의기능을 제공하기 위해 T맵을 한전의 전기차 로밍 플랫폼인ChargeLink에 연계할 계획이다.

또한 양사는 전기차 배터리를 활용한 유연성 자원 확보를 위해 제주도에서 시행 중인 전기차 충전 플러스DR 시범사업 및 SK 그룹사의 K-EV100 이행에도 협력하기로 했다.

이날 협약식에 참석한 이종환 한전 사업총괄부사장은 "2050 탄소중립 달성을 위해서는 수송 부문의 탈탄소화가 우선되어야 한다"고 강조한 뒤, "한전과 티맵모빌리티의 협력으로 전기차 이용자의 편의를 개선함으로써 전기차 보급을 앞당기는데 기여할 수 있을 것"이라고 소감을 밝혔다.

– 2021. 7. 12.

면접질문	• 전기차 관련 사업이 가지는 의의와 그 중요성을 설명해 보시오. • 공사의 비전과 미션을 수행할 수 있는 방안에 대해 말해 보시오.

PART

I

NCS 핵심이론

01 의사소통능력(공통)

❶ 의사소통과 의사소통능력

(1) 의사소통

① 개념 : 사람들 간에 생각이나 감정, 정보, 의견 등을 교환하는 총체적인 행위로, 직장생활에서의 의사소통은 조직과 팀의 효율성과 효과성을 성취할 목적으로 이루어지는 구성원 간의 정보와 지식 전달 과정이라고 할 수 있다.

② 기능 : 공동의 목표를 추구해 나가는 집단 내의 기본적 존재 기반이며 성과를 결정하는 핵심 기능이다.

③ 의사소통의 종류

    ㉠ 언어적인 것 : 대화, 전화통화, 토론 등

    ㉡ 문서적인 것 : 메모, 편지, 기획안 등

    ㉢ 비언어적인 것 : 몸짓, 표정 등

④ 의사소통을 저해하는 요인 : 정보의 과다, 메시지의 복잡성 및 메시지 간의 경쟁, 상이한 직위와 과업지향형, 신뢰의 부족, 의사소통을 위한 구조상의 권한, 잘못된 매체의 선택, 폐쇄적인 의사소통 분위기 등

(2) 의사소통능력

① 개념 : 직장생활에서 문서나 상대방이 하는 말의 의미를 파악하는 능력, 자신의 의사를 정확하게 표현하는 능력, 간단한 외국어 자료를 읽거나 외국인의 의사표시를 이해하는 능력을 포함한다.

② 의사소통능력 개발을 위한 방법

    ㉠ 사후검토와 피드백을 활용한다.

    ㉡ 명확한 의미를 가진 이해하기 쉬운 단어를 선택하여 이해도를 높인다.

    ㉢ 적극적으로 경청한다.

    ㉣ 메시지를 감정적으로 곡해하지 않는다.

② 의사소통능력을 구성하는 하위능력

(1) 문서이해능력

① 문서와 문서이해능력

　㉠ 문서 : 제안서, 보고서, 기획서, 이메일, 팩스 등 문자로 구성된 것으로 상대방에게 의사를 전달하여 설득하는 것을 목적으로 한다.

　㉡ 문서이해능력 : 직업현장에서 자신의 업무와 관련된 문서를 읽고, 내용을 이해하고 요점을 파악할 수 있는 능력을 말한다.

예제 1

다음은 신용카드 약관의 주요내용이다. 규정 약관을 제대로 이해하지 못한 사람은?

> [부가서비스]
> 카드사는 법령에서 정한 경우를 제외하고 상품을 새로 출시한 후 1년 이내에 부가서비스를 줄이거나 없앨 수가 없다. 또한 부가서비스를 줄이거나 없앨 경우에는 그 세부내용을 변경일 6개월 이전에 회원에게 알려주어야 한다.
>
> [중도 해지 시 연회비 반환]
> 연회비 부과기간이 끝나기 이전에 카드를 중도해지하는 경우 남은 기간에 해당하는 연회비를 계산하여 10 영업일 이내에 돌려줘야 한다. 다만, 카드 발급 및 부가서비스 제공에 이미 지출된 비용은 제외된다.
>
> [카드 이용한도]
> 카드 이용한도는 카드 발급을 신청할 때에 회원이 신청한 금액과 카드사의 심사기준을 종합적으로 반영하여 회원이 신청한 금액 범위 이내에서 책정되며 회원의 신용도가 변동되었을 때에는 카드사는 회원의 이용한도를 조정할 수 있다.
>
> [부정사용 책임]
> 카드 위조 및 변조로 인하여 발생된 부정사용 금액에 대해서는 카드사가 책임을 진다. 다만, 회원이 비밀번호를 다른 사람에게 알려주거나 카드를 다른 사람에게 빌려주는 등의 중대한 과실로 인해 부정사용이 발생하는 경우에는 회원이 그 책임의 전부 또는 일부를 부담할 수 있다.

① 혜수 : 카드사는 법령에서 정한 경우를 제외하고는 1년 이내에 부가서비스를 줄일 수 없어

② 진성 : 카드 위조 및 변조로 인하여 발생된 부정사용 금액은 일괄 카드사가 책임을 지게 돼

③ 영훈 : 회원의 신용도가 변경되었을 때 카드사가 이용한도를 조정할 수 있어

④ 영호 : 연회비 부과기간이 끝나기 이전에 카드를 중도해지하는 경우에는 남은 기간에 해당하는 연회비를 카드사는 돌려줘야 해

출제의도

주어진 약관의 내용을 읽고 그에 대한 상세 내용의 정보를 이해하는 능력을 측정하는 문항이다.

해　설

② 부정사용에 대해 고객의 과실이 있으면 회원이 그 책임의 전부 또는 일부를 부담할 수 있다.

답 ②

② 문서의 종류

    ㉠ 공문서 : 정부기관에서 공무를 집행하기 위해 작성하는 문서로, 단체 또는 일반회사에서 정부기관을 상대로 사업을 진행할 때 작성하는 문서도 포함된다. 엄격한 규격과 양식이 특징이다.

    ㉡ 기획서 : 아이디어를 바탕으로 기획한 프로젝트에 대해 상대방에게 전달하여 시행하도록 설득하는 문서이다.

    ㉢ 기안서 : 업무에 대한 협조를 구하거나 의견을 전달할 때 작성하는 사내 공문서이다.

    ㉣ 보고서 : 특정한 업무에 관한 현황이나 진행 상황, 연구 · 검토 결과 등을 보고하고자 할 때 작성하는 문서이다.

    ㉤ 설명서 : 상품의 특성이나 작동 방법 등을 소비자에게 설명하기 위해 작성하는 문서이다.

    ㉥ 보도자료 : 정부기관이나 기업체 등이 언론을 상대로 자신들의 정보를 기사화 되도록 하기 위해 보내는 자료이다.

    ㉦ 자기소개서 : 개인이 자신의 성장과정이나, 입사 동기, 포부 등에 대해 구체적으로 기술하여 자신을 소개하는 문서이다.

    ㉧ 비즈니스 레터(E-mail) : 사업상의 이유로 고객에게 보내는 편지다.

    ㉨ 비즈니스 메모 : 업무상 확인해야 할 일을 메모형식으로 작성하여 전달하는 글이다.

③ 문서이해의 절차 : 문서의 목적 이해→문서 작성 배경 · 주제 파악→정보 확인 및 현안문제 파악→문서 작성자의 의도 파악 및 자신에게 요구되는 행동 분석→목적 달성을 위해 취해야 할 행동 고려→문서 작성자의 의도를 도표나 그림 등으로 요약 · 정리

(2) 문서작성능력

① 작성되는 문서에는 대상과 목적, 시기, 기대효과 등이 포함되어야 한다.

② 문서작성의 구성요소

    ㉠ 짜임새 있는 골격, 이해하기 쉬운 구조

    ㉡ 객관적이고 논리적인 내용

    ㉢ 명료하고 설득력 있는 문장

    ㉣ 세련되고 인상적인 레이아웃

다음은 들은 내용을 구조적으로 정리하는 방법이다. 순서에 맞게 배열하면?

> ㉠ 관련 있는 내용끼리 묶는다.
> ㉡ 묶은 내용에 적절한 이름을 붙인다.
> ㉢ 전체 내용을 이해하기 쉽게 구조화한다.
> ㉣ 중복된 내용이나 덜 중요한 내용을 삭제한다.

① ㉠㉡㉢㉣   ② ㉠㉡㉣㉢
③ ㉡㉠㉢㉣   ④ ㉡㉠㉣㉢

음성정보는 문자정보와는 달리 쉽게 잊혀지기 때문에 음성정보를 구조화시키는 방법을 묻는 문항이다.

내용을 구조적으로 정리하는 방법은 '㉠ 관련 있는 내용끼리 묶는다. → ㉡ 묶은 내용에 적절한 이름을 붙인다. → ㉣ 중복된 내용이나 덜 중요한 내용을 삭제한다. → ㉢ 전체 내용을 이해하기 쉽게 구조화 한다.'가 적절하다.

답 ②

③ 문서의 종류에 따른 작성방법

　㉠ 공문서
- 육하원칙이 드러나도록 써야 한다.
- 날짜는 반드시 연도와 월, 일을 함께 언급하며, 날짜 다음에 괄호를 사용할 때는 마침표를 찍지 않는다.
- 대외문서이며, 장기간 보관되기 때문에 정확하게 기술해야 한다.
- 내용이 복잡할 경우 '-다음-', '-아래-'와 같은 항목을 만들어 구분한다.
- 한 장에 담아내는 것을 원칙으로 하며, 마지막엔 반드시 '끝'자로 마무리 한다.

　㉡ 설명서
- 정확하고 간결하게 작성한다.
- 이해하기 어려운 전문용어의 사용은 삼가고, 복잡한 내용은 도표화 한다.
- 명령문보다는 평서문을 사용하고, 동어 반복보다는 다양한 표현을 구사하는 것이 바람직하다.

　㉢ 기획서
- 상대를 설득하여 기획서가 채택되는 것이 목적이므로 상대가 요구하는 것이 무엇인지 고려하여 작성하며, 기획의 핵심을 잘 전달하였는지 확인한다.
- 분량이 많을 경우 전체 내용을 한눈에 파악할 수 있도록 목차구성을 신중히 한다.
- 효과적인 내용 전달을 위한 표나 그래프를 적절히 활용하고 산뜻한 느낌을 줄 수 있도록 한다.
- 인용한 자료의 출처 및 내용이 정확해야 하며 제출 전 충분히 검토한다.

　㉣ 보고서
- 도출하고자 하는 핵심내용을 구체적이고 간결하게 작성한다.
- 내용이 복잡할 경우 도표나 그림을 활용하고, 참고자료는 정확하게 제시한다.
- 제출하기 전에 최종점검을 하며 질의를 받을 것에 대비한다.

다음 중 공문서 작성에 대한 설명으로 가장 적절하지 못한 것은?

① 공문서나 유가증권 등에 금액을 표시할 때에는 한글로 기재하고 그 옆에 괄호를 넣어 숫자로 표기한다.

② 날짜는 숫자로 표기하되 년, 월, 일의 글자는 생략하고 그 자리에 온점(.)을 찍어 표시한다.

③ 첨부물이 있는 경우에는 붙임 표시문 끝에 1자 띄우고 "끝."이라고 표시한다.

④ 공문서의 본문이 끝났을 경우에는 1자를 띄우고 "끝."이라고 표시한다.

업무를 할 때 필요한 공문서 작성법을 잘 알고 있는지를 측정하는 문항이다.

공문서 금액 표시
아라비아 숫자로 쓰고, 숫자 다음에 괄호를 하여 한글로 기재한다.
예) 123,456원의 표시 : 금 123,456(금일십이만삼천사백오십육원)

답 ①

④ 문서작성의 원칙

　　㉠ 문장은 짧고 간결하게 작성한다. (간결체 사용)

　　㉡ 상대방이 이해하기 쉽게 쓴다.

　　㉢ 불필요한 한자의 사용을 자제한다.

　　㉣ 문장은 긍정문의 형식을 사용한다.

　　㉤ 간단한 표제를 붙인다.

　　㉥ 문서의 핵심내용을 먼저 쓰도록 한다. (두괄식 구성)

⑤ 문서작성 시 주의사항

　　㉠ 육하원칙에 의해 작성한다.

　　㉡ 문서 작성시기가 중요하다.

　　㉢ 한 사안은 한 장의 용지에 작성한다.

　　㉣ 반드시 필요한 자료만 첨부한다.

　　㉤ 금액, 수량, 일자 등은 기재에 정확성을 기한다.

　　㉥ 경어나 단어사용 등 표현에 신경 쓴다.

　　㉦ 문서작성 후 반드시 최종적으로 검토한다.

⑥ 효과적인 문서작성 요령

    ㉠ 내용이해 : 전달하고자 하는 내용과 핵심을 정확하게 이해해야 한다.

    ㉡ 목표설정 : 전달하고자 하는 목표를 분명하게 설정한다.

    ㉢ 구성 : 내용 전달 및 설득에 효과적인 구성과 형식을 고려한다.

    ㉣ 자료수집 : 목표를 뒷받침할 자료를 수집한다.

    ㉤ 핵심전달 : 단락별 핵심을 하위목차로 요약한다.

    ㉥ 대상파악 : 대상에 대한 이해와 분석을 통해 철저히 파악한다.

    ㉦ 보충설명 : 예상되는 질문을 정리하여 구체적인 답변을 준비한다.

    ㉧ 문서표현의 시각화 : 그래프, 그림, 사진 등을 적절히 사용하여 이해를 돕는다.

(3) 경청능력

① 경청의 중요성 : 경청은 다른 사람의 말을 주의 깊게 들으며 공감하는 능력으로 경청을 통해 상대방을 한 개인으로 존중하고 성실한 마음으로 대하게 되며, 상대방의 입장에 공감하고 이해하게 된다.

② 경청을 방해하는 습관 : 짐작하기, 대답할 말 준비하기, 걸러내기, 판단하기, 다른 생각하기, 조언하기, 언쟁하기, 옳아야만 하기, 슬쩍 넘어가기, 비위 맞추기 등

③ 효과적인 경청방법

    ㉠ 준비하기 : 강연이나 프레젠테이션 이전에 나누어주는 자료를 읽어 미리 주제를 파악하고 등장하는 용어를 익혀둔다.

    ㉡ 주의 집중 : 말하는 사람의 모든 것에 집중해서 적극적으로 듣는다.

    ㉢ 예측하기 : 다음에 무엇을 말할 것인가를 추측하려고 노력한다.

    ㉣ 나와 관련짓기 : 상대방이 전달하고자 하는 메시지를 나의 경험과 관련지어 생각해 본다.

    ㉤ 질문하기 : 질문은 듣는 행위를 적극적으로 하게 만들고 집중력을 높인다.

    ㉥ 요약하기 : 주기적으로 상대방이 전달하려는 내용을 요약한다.

    ㉦ 반응하기 : 피드백을 통해 의사소통을 점검한다.

다음은 면접스터디 중 일어난 대화이다. 민아의 고민을 해소하기 위한 조언으로 가장 적절한 것은?

> 지섭 : 민아씨, 어디 아파요? 표정이 안 좋아 보여요.
> 민아 : 제가 원서 넣은 공단이 내일 면접이어서요. 그동안 스터디를 통해서 면접 연습을 많이 했는데도 벌써부터 긴장이 되네요.
> 지섭 : 민아씨는 자기 의견도 명확히 피력할 줄 알고 조리 있게 설명을 잘 하시니 걱정 안하셔도 될 것 같아요. 아, 손에 꽉 쥐고 계신 건 뭔가요?
> 민아 : 아, 제가 예상 답변을 정리해서 모아둔거에요. 내용은 거의 외웠는데 이렇게 쥐고 있지 않으면 불안해서..
> 지섭 : 그 정도로 준비를 철저히 하셨으면 걱정할 이유 없을 것 같아요.
> 민아 : 그래도 압박면접이거나 예상치 못한 질문이 들어오면 어떻게 하죠?
> 지섭 : _____

① 시선을 적절히 처리하면서 부드러운 어투로 말하는 연습을 해보는 건 어때요?
② 공식적인 자리인 만큼 옷차림을 신경 쓰는 게 좋을 것 같아요.
③ 당황하지 말고 질문자의 의도를 잘 파악해서 침착하게 대답하면 되지 않을까요?
④ 예상 질문에 대한 답변을 좀 더 정확하게 외워보는 건 어떨까요?

출제의도
상대방이 하는 말을 듣고 질문 의도에 따라 올바르게 답하는 능력을 측정하는 문항이다.

해 설
민아는 압박질문이나 예상치 못한 질문에 대해 걱정을 하고 있으므로 침착하게 대응하라고 조언을 해주는 것이 좋다.

답 ③

(4) 의사표현능력

① 의사표현의 개념과 종류

   ㉠ 개념 : 화자가 자신의 생각과 감정을 청자에게 음성언어나 신체언어로 표현하는 행위이다.

   ㉡ 종류
- 공식적 말하기 : 사전에 준비된 내용을 대중을 대상으로 말하는 것으로 연설, 토의, 토론 등이 있다.
- 의례적 말하기 : 사회 · 문화적 행사에서와 같이 절차에 따라 하는 말하기로 식사, 주례, 회의 등이 있다.
- 친교적 말하기 : 친근한 사람들 사이에서 자연스럽게 주고받는 대화 등을 말한다.

② 의사표현의 방해요인

   ㉠ 연단공포증 : 연단에 섰을 때 가슴이 두근거리거나 땀이 나고 얼굴이 달아오르는 등의 현상으로 충분한 분석과 준비, 더 많은 말하기 기회 등을 통해 극복할 수 있다.

   ㉡ 말 : 말의 장단, 고저, 발음, 속도, 쉼 등을 포함한다.

   ㉢ 음성 : 목소리와 관련된 것으로 음색, 고저, 명료도, 완급 등을 의미한다.

   ㉣ 몸짓 : 비언어적 요소로 화자의 외모, 표정, 동작 등이다.

   ㉤ 유머 : 말하기 상황에 따른 적절한 유머를 구사할 수 있어야 한다.

③ 상황과 대상에 따른 의사표현법

    ㉠ 잘못을 지적할 때 : 모호한 표현을 삼가고 확실하게 지적하며, 당장 꾸짖고 있는 내용에만 한정한다.

    ㉡ 칭찬할 때 : 자칫 아부로 여겨질 수 있으므로 센스 있는 칭찬이 필요하다.

    ㉢ 부탁할 때 : 먼저 상대방의 사정을 듣고 응하기 쉽게 구체적으로 부탁하며 거절을 당해도 싫은 내색을 하지 않는다.

    ㉣ 요구를 거절할 때 : 먼저 사과하고 응해줄 수 없는 이유를 설명한다.

    ㉤ 명령할 때 : 강압적인 말투보다는 '○○을 이렇게 해주는 것이 어떻겠습니까?'와 같은 식으로 부드럽게 표현하는 것이 효과적이다.

    ㉥ 설득할 때 : 일방적으로 강요하기보다는 먼저 양보해서 이익을 공유하겠다는 의지를 보여주는 것이 좋다.

    ㉦ 충고할 때 : 충고는 가장 최후의 방법이다. 반드시 충고가 필요한 상황이라면 예화를 들어 비유적으로 깨우쳐주는 것이 바람직하다.

    ㉧ 질책할 때 : 샌드위치 화법(칭찬의 말 + 질책의 말 + 격려의 말)을 사용하여 청자의 반발을 최소화한다.

예제 5

당신은 팀장님께 업무 지시내용을 수행하고 결과물을 보고 드렸다. 하지만 팀장님께서는 "최대리 업무를 이렇게 처리하면 어떡하나? 누락된 부분이 있지 않은가."라고 말하였다. 이에 대해 당신이 행할 수 있는 가장 부적절한 대처 자세는?

① "죄송합니다. 제가 잘 모르는 부분이라 이수혁 과장님께 부탁을 했는데 과장님께서 실수를 하신 것 같습니다."

② "주의를 기울이지 못해 죄송합니다. 어느 부분을 수정보완하면 될까요?"

③ "지시하신 내용을 제가 충분히 이해하지 못하였습니다. 내용을 다시 한 번 여쭤보아도 되겠습니까?"

④ "부족한 내용을 보완하는 자료를 취합하기 위해서 하루정도가 더 소요될 것 같습니다. 언제까지 재작성하여 드리면 될까요?"

출제의도

상사가 잘못을 지적하는 상황에서 어떻게 대처해야 하는지를 묻는 문항이다.

해 설

상사가 부탁한 지시사항을 다른 사람에게 부탁하는 것은 옳지 못하며 설사 그렇다고 해도 그 일의 과오에 대해 책임을 전가하는 것은 지양해야 할 자세이다.

답 ①

---

④ 원활한 의사표현을 위한 지침

    ㉠ 올바른 화법을 위해 독서를 하라.

    ㉡ 좋은 청중이 되라.

    ㉢ 칭찬을 아끼지 마라.

    ㉣ 공감하고, 긍정적으로 보이게 하라.

ⓜ 겸손은 최고의 미덕임을 잊지 마라.

　　ⓗ 과감하게 공개하라.

　　ⓢ 뒷말을 숨기지 마라.

　　ⓞ 첫마디 말을 준비하라.

　　ⓩ 이성과 감성의 조화를 꾀하라.

　　ⓒ 대화의 룰을 지켜라.

　　ⓚ 문장을 완전하게 말하라.

⑤ 설득력 있는 의사표현을 위한 지침

　　㉠ 'Yes'를 유도하여 미리 설득 분위기를 조성하라.

　　㉡ 대비 효과로 분발심을 불러 일으켜라.

　　㉢ 침묵을 지키는 사람의 참여도를 높여라.

　　㉣ 여운을 남기는 말로 상대방의 감정을 누그러뜨려라.

　　㉤ 하던 말을 갑자기 멈춤으로써 상대방의 주의를 끌어라.

　　㉥ 호칭을 바꿔서 심리적 간격을 좁혀라.

　　㉦ 끄집어 말하여 자존심을 건드려라.

　　㉧ 정보전달 공식을 이용하여 설득하라.

　　㉨ 상대방의 불평이 가져올 결과를 강조하라.

　　㉩ 권위 있는 사람의 말이나 작품을 인용하라.

　　㉪ 약점을 보여 주어 심리적 거리를 좁혀라.

　　㉫ 이상과 현실의 구체적 차이를 확인시켜라.

　　㉬ 자신의 잘못도 솔직하게 인정하라.

　　㉭ 집단의 요구를 거절하려면 개개인의 의견을 물어라.

　　ⓐ 동조 심리를 이용하여 설득하라.

　　ⓑ 지금까지의 노고를 치하한 뒤 새로운 요구를 하라.

　　ⓒ 담당자가 대변자 역할을 하도록 하여 윗사람을 설득하게 하라.

　　ⓓ 겉치레 양보로 기선을 제압하라.

　　ⓔ 변명의 여지를 만들어 주고 설득하라.

　　ⓕ 혼자 말하는 척하면서 상대의 잘못을 지적하라.

(5) 기초외국어능력

① 기초외국어능력의 개념과 필요성

    ㉠ 개념 : 외국어로 된 간단한 자료를 이해하거나, 외국인과의 전화응대와 간단한 대화 등 외국인의 의사표현을 이해하고, 자신의 의사를 기초외국어로 표현할 수 있는 능력이다.

    ㉡ 필요성 : 국제화 · 세계화 시대에 다른 나라와의 무역을 위해 우리의 언어가 아닌 국제적인 통용어를 사용하거나 그들의 언어로 의사소통을 해야 하는 경우가 생길 수 있다.

② 외국인과의 의사소통에서 피해야 할 행동

    ㉠ 상대를 볼 때 흘겨보거나, 노려보거나, 아예 보지 않는 행동

    ㉡ 팔이나 다리를 꼬는 행동

    ㉢ 표정이 없는 것

    ㉣ 다리를 흔들거나 펜을 돌리는 행동

    ㉤ 맞장구를 치지 않거나 고개를 끄덕이지 않는 행동

    ㉥ 생각 없이 메모하는 행동

    ㉦ 자료만 들여다보는 행동

    ㉧ 바르지 못한 자세로 앉는 행동

    ㉨ 한숨, 하품, 신음소리를 내는 행동

    ㉩ 다른 일을 하며 듣는 행동

    ㉪ 상대방에게 이름이나 호칭을 어떻게 부를지 묻지 않고 마음대로 부르는 행동

③ 기초외국어능력 향상을 위한 공부법

    ㉠ 외국어공부의 목적부터 정하라.

    ㉡ 매일 30분씩 눈과 손과 입에 밸 정도로 반복하라.

    ㉢ 실수를 두려워하지 말고 기회가 있을 때마다 외국어로 말하라.

    ㉣ 외국어 잡지나 원서와 친해져라.

    ㉤ 소홀해지지 않도록 라이벌을 정하고 공부하라.

    ㉥ 업무와 관련된 주요 용어의 외국어는 꼭 알아두자.

    ㉦ 출퇴근 시간에 외국어 방송을 보거나, 듣는 것만으로도 귀가 트인다.

    ㉧ 어린이가 단어를 배우듯 외국어 단어를 암기할 때 그림카드를 사용해 보라.

    ㉨ 가능하면 외국인 친구를 사귀고 대화를 자주 나눠 보라.

02 수리능력(공통)

1 직장생활과 수리능력

(1) 기초직업능력으로서의 수리능력

① 개념 : 직장생활에서 요구되는 사칙연산과 기초적인 통계를 이해하고 도표의 의미를 파악하거나 도표를 이용해서 결과를 효과적으로 제시하는 능력을 말한다.

② 수리능력은 크게 기초연산능력, 기초통계능력, 도표분석능력, 도표작성능력으로 구성된다.

　㉠ 기초연산능력 : 직장생활에서 필요한 기초적인 사칙연산과 계산방법을 이해하고 활용할 수 있는 능력

　㉡ 기초통계능력 : 평균, 합계, 빈도 등 직장생활에서 자주 사용되는 기초적인 통계기법을 활용하여 자료의 특성과 경향성을 파악하는 능력

　㉢ 도표분석능력 : 그래프, 그림 등 도표의 의미를 파악하고 필요한 정보를 해석하는 능력

　㉣ 도표작성능력 : 도표를 이용하여 결과를 효과적으로 제시하는 능력

(2) 업무수행에서 수리능력이 활용되는 경우

① 업무상 계산을 수행하고 결과를 정리하는 경우

② 업무비용을 측정하는 경우

③ 고객과 소비자의 정보를 조사하고 결과를 종합하는 경우

④ 조직의 예산안을 작성하는 경우

⑤ 업무수행 경비를 제시해야 하는 경우

⑥ 다른 상품과 가격비교를 하는 경우

⑦ 연간 상품 판매실적을 제시하는 경우

⑧ 업무비용을 다른 조직과 비교해야 하는 경우

⑨ 상품판매를 위한 지역조사를 실시해야 하는 경우

⑩ 업무수행과정에서 도표로 주어진 자료를 해석하는 경우

⑪ 도표로 제시된 업무비용을 측정하는 경우

다음 자료를 보고 주어진 상황에 대한 물음에 답하시오.

<출제의도>
업무상 계산을 수행하거나 결과를 정리하고 업무비용을 측정하는 능력을 평가하기 위한 문제로서, 주어진 자료에서 문제를 해결하는 데에 필요한 부분을 빠르고 정확하게 찾아내는 것이 중요하다.

〈근로소득에 대한 간이 세액표〉

월 급여액(천 원) [비과세 및 학자금 제외]		공제대상 가족 수				
이상	미만	1	2	3	4	5
2,500	2,520	38,960	29,280	16,940	13,570	10,190
2,520	2,540	40,670	29,960	17,360	13,990	10,610
2,540	2,560	42,380	30,640	17,790	14,410	11,040
2,560	2,580	44,090	31,330	18,210	14,840	11,460
2,580	2,600	45,800	32,680	18,640	15,260	11,890
2,600	2,620	47,520	34,390	19,240	15,680	12,310
2,620	2,640	49,230	36,100	19,900	16,110	12,730
2,640	2,660	50,940	37,810	20,560	16,530	13,160
2,660	2,680	52,650	39,530	21,220	16,960	13,580
2,680	2,700	54,360	41,240	21,880	17,380	14,010
2,700	2,720	56,070	42,950	22,540	17,800	14,430
2,720	2,740	57,780	44,660	23,200	18,230	14,850
2,740	2,760	59,500	46,370	23,860	18,650	15,280

※ 갑근세는 제시되어 있는 간이 세액표에 따름
※ 주민세=갑근세의 10%
※ 국민연금=급여액의 4.50%
※ 고용보험=국민연금의 10%
※ 건강보험=급여액의 2.90%
※ 교육지원금=분기별 100,000원(매 분기별 첫 달에 지급)

박○○ 사원의 5월 급여내역이 다음과 같고 전월과 동일하게 근무하였으나, 특별수당은 없고 차량지원금으로 100,000원을 받게 된다면, 6월에 받게 되는 급여는 얼마인가? (단, 원 단위 절삭)

(주) 서원플랜테크 5월 급여내역			
성명	박○○	지급일	5월 12일
기본급여	2,240,000	갑근세	39,530
직무수당	400,000	주민세	3,950
명절 상여금		고용보험	11,970
특별수당	20,000	국민연금	119,700
차량지원금		건강보험	77,140
교육지원		기타	
급여계	2,660,000	공제합계	252,290
		지급총액	2,407,710

① 2,443,910
② 2,453,910
③ 2,463,910
④ 2,473,910

<해 설>

기본급여	2,240,000	갑근세	46,370
직무수당	400,000	주민세	4,630
명절상여금		고용보험	12,330
특별수당		국민연금	123,300
차량지원금	100,000	건강보험	79,460
교육지원		기타	
급여계	2,740,000	공제합계	266,090
		지급총액	2,473,910

답 ④

(3) 수리능력의 중요성

① 수학적 사고를 통한 문제해결

② 직업세계의 변화에의 적응

③ 실용적 가치의 구현

(4) 단위환산표

구분	단위환산
길이	$1cm = 10mm$, $1m = 100cm$, $1km = 1,000m$
넓이	$1cm^2 = 100mm^2$, $1m^2 = 10,000cm^2$, $1km^2 = 1,000,000m^2$
부피	$1cm^3 = 1,000mm^3$, $1m^3 = 1,000,000cm^3$, $1km^3 = 1,000,000,000m^3$
들이	$1m\ell = 1cm^3$, $1d\ell = 100cm^3$, $1L = 1,000cm^3 = 10d\ell$
무게	$1kg = 1,000g$, $1t = 1,000kg = 1,000,000g$
시간	$1분 = 60초$, $1시간 = 60분 = 3,600초$
할푼리	$1푼 = 0.1할$, $1리 = 0.01할$, $1모 = 0.001할$

예제 2

둘레의 길이가 4.4km인 정사각형 모양의 공원이 있다. 이 공원의 넓이는 몇 a 인가?

① 12,100a

② 1,210a

③ 121a

④ 12.1a

출제의도

길이, 넓이, 부피, 들이, 무게, 시간, 속도 등 단위에 대한 기본적인 환산 능력을 평가하는 문제로서, 소수점 계산이 필요하며, 자릿수를 읽고 구분할 줄 알아야 한다.

해 설

공원의 한 변의 길이는
$4.4 \div 4 = 1.1 (km)$이고
$1km^2 = 10000a$이므로
공원의 넓이는
$1.1km \times 1.1km = 1.21km^2 = 12100a$

답 ①

② 수리능력을 구성하는 하위능력

(1) 기초연산능력

① 사칙연산 : 수에 관한 덧셈, 뺄셈, 곱셈, 나눗셈의 네 종류의 계산법으로 업무를 원활하게 수행하기 위해서는 기본적인 사칙연산뿐만 아니라 다단계의 복잡한 사칙연산까지도 수행할 수 있어야 한다.

② 검산 : 연산의 결과를 확인하는 과정으로 대표적인 검산방법으로 역연산과 구거법이 있다.

  ㉠ 역연산 : 덧셈은 뺄셈으로, 뺄셈은 덧셈으로, 곱셈은 나눗셈으로, 나눗셈은 곱셈으로 확인하는 방법이다.

  ㉡ 구거법 : 원래의 수와 각 자리 수의 합이 9로 나눈 나머지가 같다는 원리를 이용한 것으로 9를 버리고 남은 수로 계산하는 것이다.

예제 3

다음 식을 바르게 계산한 것은?

$$1 + \frac{2}{3} + \frac{1}{2} - \frac{3}{4}$$

① $\frac{13}{12}$ ② $\frac{15}{12}$

③ $\frac{17}{12}$ ④ $\frac{19}{12}$

출제의도

직장생활에서 필요한 기초적인 사칙연산과 계산방법을 이해하고 활용할 수 있는 능력을 평가하는 문제로서, 분수의 계산과 통분에 대한 기본적인 이해가 필요하다.

해 설

$$\frac{12}{12} + \frac{8}{12} + \frac{6}{12} - \frac{9}{12} = \frac{17}{12}$$

답 ③

---

(2) 기초통계능력

① 업무수행과 통계

  ㉠ 통계의 의미 : 통계란 집단현상에 대한 구체적인 양적 기술을 반영하는 숫자이다.

  ㉡ 업무수행에 통계를 활용함으로써 얻을 수 있는 이점

  • 많은 수량적 자료를 처리가능하고 쉽게 이해할 수 있는 형태로 축소

  • 표본을 통해 연구대상 집단의 특성을 유추

  • 의사결정의 보조수단

  • 관찰 가능한 자료를 통해 논리적으로 결론을 추줄 · 검증

ⓒ 기본적인 통계치
- 빈도와 빈도분포 : 빈도란 어떤 사건이 일어나거나 증상이 나타나는 정도를 의미하며, 빈도분포란 빈도를 표나 그래프로 종합적으로 표시하는 것이다.
- 평균 : 모든 사례의 수치를 합한 후 총 사례 수로 나눈 값이다.
- 백분율 : 전체의 수량을 100으로 하여 생각하는 수량이 그중 몇이 되는가를 퍼센트로 나타낸 것이다.

② 통계기법
ⓐ 범위와 평균
- 범위 : 분포의 흩어진 정도를 가장 간단히 알아보는 방법으로 최곳값에서 최젓값을 뺀 값을 의미한다.
- 평균 : 집단의 특성을 요약하기 위해 가장 자주 활용하는 값으로 모든 사례의 수치를 합한 후 총 사례 수로 나눈 값이다.
- 관찰값이 1, 3, 5, 7, 9일 경우 범위는 $9 - 1 = 8$이 되고, 평균은 $\dfrac{1+3+5+7+9}{5} = 5$가 된다.

ⓑ 분산과 표준편차
- 분산 : 관찰값의 흩어진 정도로, 각 관찰값과 평균값의 차의 제곱의 평균이다.
- 표준편차 : 평균으로부터 얼마나 떨어져 있는가를 나타내는 개념으로 분산값의 제곱근 값이다.
- 관찰값이 1, 2, 3이고 평균이 2인 집단의 분산은 $\dfrac{(1-2)^2 + (2-2)^2 + (3-2)^2}{3} = \dfrac{2}{3}$이고 표준편차는 분산값의 제곱근 값인 $\sqrt{\dfrac{2}{3}}$이다.

③ 통계자료의 해석
ⓐ 다섯숫자요약
- 최솟값 : 원자료 중 값의 크기가 가장 작은 값
- 최댓값 : 원자료 중 값의 크기가 가장 큰 값
- 중앙값 : 최솟값부터 최댓값까지 크기에 의하여 배열했을 때 중앙에 위치하는 사례의 값
- 하위 25%값 · 상위 25%값 : 원자료를 크기 순으로 배열하여 4등분한 값
ⓑ 평균값과 중앙값 : 평균값과 중앙값은 그 개념이 다르기 때문에 명확하게 제시해야 한다.

인터넷 쇼핑몰에서 회원가입을 하고 디지털캠코더를 구매하려고 한다. 다음은 구입하고자 하는 모델에 대하여 인터넷 쇼핑몰 세 곳의 가격과 조건을 제시한 표이다. 표에 있는 모든 혜택을 적용하였을 때 디지털캠코더의 배송비를 포함한 실제 구매가격을 바르게 비교한 것은?

구분	A 쇼핑몰	B 쇼핑몰	C 쇼핑몰
정상가격	129,000원	131,000원	130,000원
회원혜택	7,000원 할인	3,500원 할인	7% 할인
할인쿠폰	5% 쿠폰	3% 쿠폰	5,000원
중복할인여부	불가	가능	불가
배송비	2,000원	무료	2,500원

① A<B<C

② B<C<A

③ C<A<B

④ C<B<A

출제의도

직장생활에서 자주 사용되는 기초적인 통계기법을 활용하여 자료의 특성과 경향성을 파악하는 능력이 요구되는 문제이다.

해 설

㉠ A 쇼핑몰
- 회원혜택을 선택한 경우 : $129,000 - 7,000 + 2,000 = 124,000$(원)
- 5% 할인쿠폰을 선택한 경우 : $129,000 \times 0.95 + 2,000 = 124,550$

㉡ B 쇼핑몰 :
$131,000 \times 0.97 - 3,500 = 123,570$

㉢ C 쇼핑몰
- 회원혜택을 선택한 경우 : $130,000 \times 0.93 + 2,500 = 123,400$
- 5,000원 할인쿠폰을 선택한 경우 : $130,000 - 5,000 + 2,500 = 127,500$

∴ C<B<A

답 ④

(3) 도표분석능력

① 도표의 종류

   ㉠ 목적별 : 관리(계획 및 통제), 해설(분석), 보고

   ㉡ 용도별 : 경과 그래프, 내역 그래프, 비교 그래프, 분포 그래프, 상관 그래프, 계산 그래프

   ㉢ 형상별 : 선 그래프, 막대 그래프, 원 그래프, 점 그래프, 층별 그래프, 레이더 차트

② 도표의 활용

　㉠ 선 그래프
　　• 주로 시간의 경과에 따라 수량에 의한 변화 상황(시계열 변화)을 절선의 기울기로 나타내는 그래프 이다.
　　• 경과, 비교, 분포를 비롯하여 상관관계 등을 나타낼 때 쓰인다.

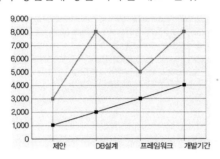

　㉡ 막대 그래프
　　• 비교하고자 하는 수량을 막대 길이로 표시하고 그 길이를 통해 수량 간의 대소관계를 나타내는 그 래프이다.
　　• 내역, 비교, 경과, 도수 등을 표시하는 용도로 쓰인다.

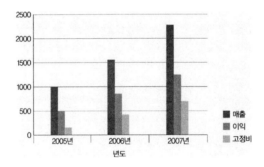

　㉢ 원 그래프
　　• 내역이나 내용의 구성비를 원을 분할하여 나타낸 그래프이다.
　　• 전체에 대해 부분이 차지하는 비율을 표시하는 용도로 쓰인다.

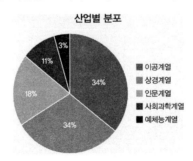

ㄹ 점 그래프
- 종축과 횡축에 2요소를 두고 보고자 하는 것이 어떤 위치에 있는가를 나타내는 그래프이다.
- 지역분포를 비롯하여 도시, 기방, 기업, 상품 등의 평가나 위치·성격을 표시하는데 쓰인다.

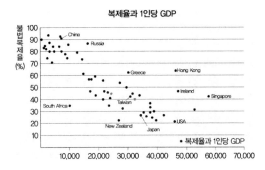

ㅁ 층별 그래프
- 선 그래프의 변형으로 연속내역 봉 그래프라고 할 수 있다. 선과 선 사이의 크기로 데이터 변화를 나타낸다.
- 합계와 부분의 크기를 백분율로 나타내고 시간적 변화를 보고자 할 때나 합계와 각 부분의 크기를 실수로 나타내고 시간적 변화를 보고자 할 때 쓰인다.

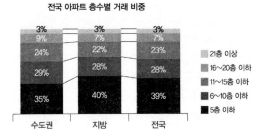

ㅂ 레이더 차트(거미줄 그래프)
- 원 그래프의 일종으로 비교하는 수량을 직경, 또는 반경으로 나누어 원의 중심에서의 거리에 따라 각 수량의 관계를 나타내는 그래프이다.
- 비교하거나 경과를 나타내는 용도로 쓰인다.

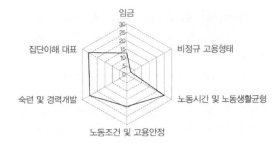

③ 도표 해석상의 유의사항

　⊙ 요구되는 지식의 수준을 넓힌다.

　ⓛ 도표에 제시된 자료의 의미를 정확히 숙지한다.

　ⓒ 도표로부터 알 수 있는 것과 없는 것을 구별한다.

　ⓔ 총량의 증가와 비율의 증가를 구분한다.

　ⓜ 백분위수와 사분위수를 정확히 이해하고 있어야 한다.

예제 5

다음 표는 2009 ~ 2010년 지역별 직장인들의 자기개발에 관해 조사한 내용을 정리한 것이다. 이에 대한 분석으로 옳은 것은?

(단위 : %)

연도\구분\지역	2009				2010			
	자기개발 하고 있음	자기개발 비용 부담 주체			자기개발 하고 있음	자기개발 비용 부담 주체		
		직장 100%	본인 100%	직장50% + 본인50%		직장 100%	본인 100%	직장50% + 본인50%
충청도	36.8	8.5	88.5	3.1	45.9	9.0	65.5	24.5
제주도	57.4	8.3	89.1	2.9	68.5	7.9	68.3	23.8
경기도	58.2	12	86.3	2.6	71.0	7.5	74.0	18.5
서울시	60.6	13.4	84.2	2.4	72.7	11.0	73.7	15.3
경상도	40.5	10.7	86.1	3.2	51.0	13.6	74.9	11.6

① 2009년과 2010년 모두 자기개발 비용을 본인이 100% 부담하는 사람의 수는 응답자의 절반 이상이다.

② 자기개발을 하고 있다고 응답한 사람의 수는 2009년과 2010년 모두 서울시가 가장 많다.

③ 자기개발 비용을 직장과 본인이 각각 절반씩 부담하는 사람의 비율은 2009년과 2010년 모두 서울시가 가장 높다.

④ 2009년과 2010년 모두 자기개발을 하고 있다고 응답한 비율이 가장 높은 지역에서 자기개발비용을 직장이 100% 부담한다고 응답한 사람의 비율이 가장 높다.

(4) 도표작성능력

① 도표작성 절차

 ㉠ 어떠한 도표로 작성할 것인지를 결정

 ㉡ 가로축과 세로축에 나타낼 것을 결정

 ㉢ 한 눈금의 크기를 결정

 ㉣ 자료의 내용을 가로축과 세로축이 만나는 곳에 표현

 ㉤ 표현한 점들을 선분으로 연결

 ㉥ 도표의 제목을 표기

② 도표작성 시 유의사항

 ㉠ 선 그래프 작성 시 유의점

- 세로축에 수량, 가로축에 명칭구분을 제시한다.
- 선의 높이에 따라 수치를 파악하는 경우가 많으므로 세로축의 눈금을 가로축보다 크게 하는 것이 효과적이다.
- 선이 두 종류 이상일 경우 반드시 그 명칭을 기입한다.

 ㉡ 막대 그래프 작성 시 유의점

- 막대 수가 많을 경우에는 눈금선을 기입하는 것이 알아보기 쉽다.
- 막대의 폭은 모두 같게 하여야 한다.

 ㉢ 원 그래프 작성 시 유의점

- 정각 12시의 선을 기점으로 오른쪽으로 그리는 것이 보통이다.
- 분할선은 구성비율이 큰 순서로 그린다.

 ㉣ 층별 그래프 작성 시 유의점

- 눈금은 선 그래프나 막대 그래프보다 적게 하고 눈금선은 넣지 않는다.
- 층별로 색이나 모양이 완전히 다른 것이어야 한다.
- 같은 항목은 옆에 있는 층과 선으로 연결하여 보기 쉽도록 한다.

03 문제해결능력(공통)

1 문제와 문제해결

(1) 문제의 정의와 분류

① 정의 : 업무를 수행함에 있어서 답을 요구하는 질문이나 의논하여 해결해야 되는 사항이다.

② 문제의 분류

구분	창의적 문제	분석적 문제
문제제시 방법	현재 문제가 없더라도 보다 나은 방법을 찾기 위한 문제 탐구→문제 자체가 명확하지 않음	현재의 문제점이나 미래의 문제로 예견될 것에 대한 문제 탐구→문제 자체가 명확함
해결방법	창의력에 의한 많은 아이디어의 작성을 통해 해결	분석, 논리, 귀납과 같은 논리적 방법을 통해 해결
해답 수	해답의 수가 많으며, 많은 답 가운데 보다 나은 것을 선택	답의 수가 적으며 한정되어 있음
주요특징	주관적, 직관적, 감각적, 정성적, 개별적, 특수성	객관적, 논리적, 정량적, 이성적, 일반적, 공통성

(2) 업무수행과정에서 발생하는 문제 유형

① 발생형 문제(보이는 문제) : 현재 직면하여 해결하기 위해 고민하는 문제이다. 원인이 내재되어 있기 때문에 원인지향적인 문제라고도 한다.

   ⊙ 일탈문제 : 어떤 기준을 일탈함으로써 생기는 문제

   ⓒ 미달문제 : 어떤 기준에 미달하여 생기는 문제

② 탐색형 문제(찾는 문제) : 현재의 상황을 개선하거나 효율을 높이기 위한 문제이다. 방치할 경우 큰 손실이 따르거나 해결할 수 없는 문제로 나타나게 된다.

   ⊙ 잠재문제 : 문제가 잠재되어 있어 인식하지 못하다가 확대되어 해결이 어려운 문제

   ⓒ 예측문제 : 현재로는 문제가 없으나 현 상태의 진행 상황을 예측하여 찾아야 앞으로 일어날 수 있는 문제가 보이는 문제

   ⓒ 발견문제 : 현재로서는 담당 업무에 문제가 없으나 선진기업의 업무 방법 등 보다 좋은 제도나 기법을 발견하여 개선시킬 수 있는 문제

③ 설정형 문제(미래 문제) : 장래의 경영전략을 생각하는 것으로 앞으로 어떻게 할 것인가 하는 문제이다. 문제해결에 창조적인 노력이 요구되어 창조적 문제라고도 한다.

예제 1

D회사 신입사원으로 입사한 귀하는 신입사원 교육에서 업무수행과정에서 발생하는 문제 유형 중 설정형 문제를 하나씩 찾아오라는 지시를 받았다. 이에 대해 귀하는 교육받은 내용을 다시 복습하려고 한다. 설정형 문제에 해당하는 것은?

① 현재 직면하여 해결하기 위해 고민하는 문제
② 현재의 상황을 개선하거나 효율을 높이기 위한 문제
③ 앞으로 어떻게 할 것인가 하는 문제
④ 원인이 내재되어 있는 원인지향적인 문제

(3) 문제해결

① 정의 : 목표와 현상을 분석하고 이 결과를 토대로 과제를 도출하여 최적의 해결책을 찾아 실행·평가해 가는 활동이다.

② 문제해결에 필요한 기본적 사고

  ㉠ 전략적 사고 : 문제와 해결방안이 상위 시스템과 어떻게 연결되어 있는지를 생각한다.

  ㉡ 분석적 사고 : 전체를 각각의 요소로 나누어 그 의미를 도출하고 우선순위를 부여하여 구체적인 문제해결방법을 실행한다.

  ㉢ 발상의 전환 : 인식의 틀을 전환하여 새로운 관점으로 바라보는 사고를 지향한다.

  ㉣ 내·외부자원의 활용 : 기술, 재료, 사람 등 필요한 자원을 효과적으로 활용한다.

③ 문제해결의 장애요소

  ㉠ 문제를 철저하게 분석하지 않는 경우

  ㉡ 고정관념에 얽매이는 경우

  ㉢ 쉽게 떠오르는 단순한 정보에 의지하는 경우

  ㉣ 너무 많은 자료를 수집하려고 노력하는 경우

④ 문제해결방법

  ㉠ 소프트 어프로치 : 문제해결을 위해서 직접적인 표현보다는 무언가를 시사하거나 암시를 통하여 의사를 전달하여 문제해결을 도모하고자 한다.

  ㉡ 하드 어프로치 : 상이한 문화적 토양을 가지고 있는 구성원을 가정하고, 서로의 생각을 직설적으로 주장하고 논쟁이나 협상을 통해 서로의 의견을 조정해 가는 방법이다.

ⓒ 퍼실리테이션(facilitation) : 촉진을 의미하며 어떤 그룹이나 집단이 의사결정을 잘 하도록 도와주는 일을 의미한다.

❷ 문제해결능력을 구성하는 하위능력

(1) 사고력

① 창의적 사고 : 개인이 가지고 있는 경험과 지식을 통해 새로운 가치 있는 아이디어를 산출하는 사고능력이다.

   ⓐ 창의적 사고의 특징
- 정보와 정보의 조합
- 사회나 개인에게 새로운 가치 창출
- 창조적인 가능성

예제 2

M사 홍보팀에서 근무하고 있는 귀하는 입사 5년차로 창의적인 기획안을 제출하기로 유명하다. S부장은 이번 신입사원 교육 때 귀하에게 창의적인 사고란 무엇인지 교육을 맡아달라고 부탁하였다. 창의적인 사고에 대한 귀하의 설명으로 옳지 않은 것은?

① 창의적인 사고는 새롭고 유용한 아이디어를 생산해 내는 정신적인 과정이다.
② 창의적인 사고는 특별한 사람들만이 할 수 있는 대단한 능력이다.
③ 창의적인 사고는 기존의 정보들을 특정한 요구조건에 맞거나 유용하도록 새롭게 조합시킨 것이다.
④ 창의적인 사고는 통상적인 것이 아니라 기발하거나, 신기하며 독창적인 것이다.

출제의도

창의적 사고에 대한 개념을 정확히 파악하고 있는지를 묻는 문항이다.

해 설

흔히 사람들은 창의적인 사고에 대해 특별한 사람들만이 할 수 있는 대단한 능력이라고 생각하지만 그리 대단한 능력이 아니며 이미 알고 있는 경험과 지식을 해체하여 다시 새로운 정보로 결합하여 가치 있는 아이디어를 산출하는 사고라고 할 수 있다.

답 ②

   ⓑ 발산적 사고 : 창의적 사고를 위해 필요한 것으로 자유연상법, 강제연상법, 비교발상법 등을 통해 개발할 수 있다.

구분	내용
자유연상법	생각나는 대로 자유롭게 발상 ex) 브레인스토밍
강제연상법	각종 힌트에 강제적으로 연결 지어 발상 ex) 체크리스트
비교발상법	주제의 본질과 닮은 것을 힌트로 발상 ex) NM법, Synectics

POINT 브레인스토밍

　　　㉠ 진행방법
- 주제를 구체적이고 명확하게 정한다.
- 구성원의 얼굴을 볼 수 있는 좌석 배치와 큰 용지를 준비한다.
- 구성원들의 다양한 의견을 도출할 수 있는 사람을 리더로 선출한다.
- 구성원은 다양한 분야의 사람들로 5~8명 정도로 구성한다.
- 발언은 누구나 자유롭게 할 수 있도록 하며, 모든 발언 내용을 기록한다.
- 아이디어에 대한 평가는 비판해서는 안 된다.

　　　㉡ 4대 원칙
- 비판엄금(Support) : 평가 단계 이전에 결코 비판이나 판단을 해서는 안 되며 평가는 나중까지 유보한다.
- 자유분방(Silly) : 무엇이든 자유롭게 말하고 이런 바보 같은 소리를 해서는 안 된다는 등의 생각은 하지 않아야 한다.
- 질보다 양(Speed) : 질에는 관계없이 가능한 많은 아이디어들을 생성해내도록 격려한다.
- 결합과 개선(Synergy) : 다른 사람의 아이디어에 자극되어 보다 좋은 생각이 떠오르고, 서로 조합하면 재미있는 아이디어가 될 것 같은 생각이 들면 즉시 조합시킨다.

② 논리적 사고 : 사고의 전개에 있어 전후의 관계가 일치하고 있는가를 살피고 아이디어를 평가하는 사고능력이다.

　　㉠ 논리적 사고를 위한 5가지 요소 : 생각하는 습관, 상대 논리의 구조화, 구체적인 생각, 타인에 대한 이해, 설득

　　㉡ 논리적 사고 개발 방법
- 피라미드 구조 : 하위의 사실이나 현상부터 사고하여 상위의 주장을 만들어가는 방법
- so what기법 : '그래서 무엇이지?'하고 자문자답하여 주어진 정보로부터 가치 있는 정보를 이끌어내는 사고 기법

③ 비판적 사고 : 어떤 주제나 주장에 대해서 적극적으로 분석하고 종합하며 평가하는 능동적인 사고이다.

　　㉠ 비판적 사고 개발 태도 : 비판적 사고를 개발하기 위해서는 지적 호기심, 객관성, 개방성, 융통성, 지적 회의성, 지적 정직성, 체계성, 지속성, 결단성, 다른 관점에 대한 존중과 같은 태도가 요구된다.

　　㉡ 비판적 사고를 위한 태도
- 문제의식 : 비판적인 사고를 위해서 가장 먼저 필요한 것은 바로 문제의식이다. 자신이 지니고 있는 문제와 목적을 확실하고 정확하게 파악하는 것이 비판적인 사고의 시작이다.
- 고정관념 타파 : 지각의 폭을 넓히는 일은 정보에 대한 개방성을 가지고 편견을 갖지 않는 것으로 고정관념을 타파하는 일이 중요하다.

⑵ 문제처리능력과 문제해결절차

① 문제처리능력 : 목표와 현상을 분석하고 이를 토대로 문제를 도출하여 최적의 해결책을 찾아 실행ㆍ평가하는 능력이다.

② 문제해결절차 : 문제 인식 → 문제 도출 → 원인 분석 → 해결안 개발 → 실행 및 평가

　㉠ 문제 인식 : 문제해결과정 중 'waht'을 결정하는 단계로 환경 분석 → 주요 과제 도출 → 과제 선정의 절차를 통해 수행된다.

　　• 3C 분석 : 환경 분석 방법의 하나로 사업환경을 구성하고 있는 요소인 자사(Company), 경쟁사(Competitor), 고객(Customer)을 분석하는 것이다.

예제 3

L사에서 주력 상품으로 밀고 있는 TV의 판매 이익이 감소하고 있는 상황에서 귀하는 B부장으로부터 3C분석을 통해 해결방안을 강구해 오라는 지시를 받았다. 다음 중 3C에 해당하지 않는 것은?

① Customer　　　　　　　　② Company
③ Competitor　　　　　　　④ Content

출제의도

3C의 개념과 구성요소를 정확히 숙지하고 있는지를 측정하는 문항이다.

해 설

3C 분석에서 사업 환경을 구성하고 있는 요소인 자사(Company), 경쟁사(Competitor), 고객을 3C(Customer)라고 한다. 3C 분석에서 고객 분석에서는 '고객은 자사의 상품·서비스에 만족하고 있는지를, 자사 분석에서는 '자사가 세운 달성목표와 현상 간에 차이가 없는지를 경쟁사 분석에서는 '경쟁 기업의 우수한 점과 자사의 현상과 차이가 없는지'에 대한 질문을 통해서 환경을 분석하게 된다.

답 ④

　• SWOT 분석 : 기업내부의 강점과 약점, 외부환경의 기회와 위협요인을 분석·평가하여 문제해결 방안을 개발하는 방법이다.

		내부환경요인	
		강점(Strengths)	약점(Weaknesses)
외부환경요인	기회 (Opportunities)	SO 내부강점과 외부기회 요인을 극대화	WO 외부기회를 이용하여 내부약점을 강점으로 전환
	위협 (Threat)	ST 외부위협을 최소화하기 위해 내부강점을 극대화	WT 내부약점과 외부위협을 최소화

ⓛ 문제 도출 : 선정된 문제를 분석하여 해결해야 할 것이 무엇인지를 명확히 하는 단계로, 문제 구조 파악→핵심 문제 선정 단계를 거쳐 수행된다.

• Logic Tree : 문제의 원인을 파고들거나 해결책을 구체화할 때 제한된 시간 안에서 넓이와 깊이를 추구하는데 도움이 되는 기술로 주요 과제를 나무모양으로 분해·정리하는 기술이다.

ⓒ 원인 분석 : 문제 도출 후 파악된 핵심 문제에 대한 분석을 통해 근본 원인을 찾는 단계로 Issue 분석→Data 분석→원인 파악의 절차로 진행된다.

ⓔ 해결안 개발 : 원인이 밝혀지면 이를 효과적으로 해결할 수 있는 다양한 해결안을 개발하고 최선의 해결안을 선택하는 것이 필요하다.

ⓜ 실행 및 평가 : 해결안 개발을 통해 만들어진 실행계획을 실제 상황에 적용하는 활동으로 실행계획 수립→실행→Follow-up의 절차로 진행된다.

예제 4

C사는 최근 국내 매출이 지속적으로 하락하고 있어 사내 분위기가 심상치 않다. 이에 대해 Y부장은 이 문제를 극복하고자 문제처리 팀을 구성하여 해결방안을 모색하도록 지시하였다. 문제처리 팀의 문제해결 절차를 올바른 순서로 나열한 것은?

① 문제 인식→원인 분석→해결안 개발→문제 도출→실행 및 평가
② 문제 도출→문제 인식→해결안 개발→원인 분석→실행 및 평가
③ 문제 인식→원인 분석→문제 도출→해결안 개발→실행 및 평가
④ 문제 인식→문제 도출→원인 분석→해결안 개발 →실행 및 평가

출제의도

실제 업무 상황에서 문제가 일어났을 때 해결 절차를 알고 있는지를 측정하는 문항이다.

해 설

일반적인 문제해결절차는 '문제 인식→문제 도출→원인 분석→해결안 개발 → 실행 및 평가'로 이루어진다.

답 ④

04 자원관리능력(사무/전기)

1 자원과 자원관리

(1) 자원

① 자원의 종류 : 시간, 돈, 물적자원, 인적자원

② 자원의 낭비요인 : 비계획적 행동, 편리성 추구, 자원에 대한 인식 부재, 노하우 부족

(2) 자원관리 기본 과정

① 필요한 자원의 종류와 양 확인

② 이용 가능한 자원 수집하기

③ 자원 활용 계획 세우기

④ 계획대로 수행하기

예제 1

당신은 A출판사 교육훈련 담당자이다. 조직의 효율성을 높이기 위해 전사적인 시간관리에 대한 교육을 실시하기로 하였지만 바쁜 일정상 직원들을 집합교육에 동원할 수 있는 시간은 제한적이다. 다음 중 귀하가 최우선의 교육 대상으로 삼아야 하는 것은 어느 부분인가?

구분	긴급한 일	긴급하지 않은 일
중요한 일	제1사분면	제2사분면
중요하지 않은 일	제3사분면	제4사분면

출제의도

주어진 일들을 중요도와 긴급도에 따른 시간관리 매트릭스에서 우선순위를 구분할 수 있는가를 측정하는 문항이다.

① 중요하고 긴급한 일로 위기사항이나 급박한 문제, 기간이 정해진 프로젝트 등이 해당되는 제1사분면
② 긴급하지는 않지만 중요한 일로 인간관계구축이나 새로운 기회의 발굴, 중장기 계획 등이 포함되는 제2사분면
③ 긴급하지만 중요하지 않은 일로 잠깐의 급한 질문, 일부 보고서, 눈 앞의 급박한 사항이 해당되는 제3사분면
④ 중요하지 않고 긴급하지 않은 일로 하찮은 일이나 시간낭비거리, 즐거운 활동 등이 포함되는 제4사분면

해 설

교육훈련에서 최우선 교육대상으로 삼아야 하는 것은 긴급하지 않지만 중요한 일이다. 이를 긴급하지 않다고 해서 뒤로 미루다보면 급박하게 처리해야하는 업무가 증가하여 효율적인 시간관리가 어려워진다.

구분	긴급한 일	긴급하지 않은 일
중요한 일	위기사항, 급박한 문제, 기간이 정해진 프로젝트	인간관계구축, 새로운 기회의 발굴, 중장기계획
중요하지 않은 일	잠깐의 급한 질문, 일부 보고서, 눈앞의 급박한 사항	하찮은 일, 우편물, 전화, 시간낭비거리, 즐거운 활동

답 ②

2 자원관리능력을 구성하는 하위능력

(1) 시간관리능력

① 시간의 특성

　㉠ 시간은 매일 주어지는 기적이다.

　㉡ 시간은 똑같은 속도로 흐른다.

　㉢ 시간의 흐름은 멈추게 할 수 없다.

　㉣ 시간은 꾸거나 저축할 수 없다.

　㉤ 시간은 사용하기에 따라 가치가 달라진다.

② 시간관리의 효과

　㉠ 생산성 향상

　㉡ 가격 인상

　㉢ 위험 감소

　㉣ 시장 점유율 증가

③ 시간계획

　　㉠ 개념 : 시간 자원을 최대한 활용하기 위하여 가장 많이 반복되는 일에 가장 많은 시간을 분배하고, 최단시간에 최선의 목표를 달성하는 것을 의미한다.

　　㉡ 60 : 40의 Rule

계획된 행동 (60%)	계획 외의 행동 (20%)	자발적 행동 (20%)
총 시간		

예제 2

유아용품 홍보팀의 사원 은이씨는 일산 킨텍스에서 열리는 유아용품박람회에 참여하고자 한다. 당일 회의 후 출발해야 하며 회의 종료 시간은 오후 3시이다.

장소	일시
일산 킨텍스 제2전시장	2016. 1. 20(금) PM 15:00~19:00 * 입장가능시간은 종료 2시간 전 까지

오시는 길
지하철 : 4호선 대화역(도보 30분 거리)
버스 : 8109번, 8407번(도보 5분 거리)

• 회사에서 버스정류장 및 지하철역까지 소요시간

출발지	도착지		소요시간
회사	×× 정류장	도보	15분
		택시	5분
	지하철역	도보	30분
		택시	10분

• 일산 킨텍스 가는 길

교통편	출발지	도착지	소요시간
지하철	강남역	대화역	1시간 25분
버스	×× 정류장	일산 킨텍스 정류장	1시간 45분

위의 제시 상황을 보고 은이씨가 선택할 교통편으로 가장 적절한 것은?

① 도보 – 지하철　　　　② 도보 – 버스
③ 택시 – 지하철　　　　④ 택시 – 버스

(2) 예산관리능력

① 예산과 예산관리

  ㉠ 예산 : 필요한 비용을 미리 헤아려 계산하는 것이나 그 비용을 말한다.

  ㉡ 예산관리 : 활동이나 사업에 소요되는 비용을 산정하고, 예산을 편성하는 것뿐만 아니라 예산을 통제하는 것 모두를 포함한다.

② 예산의 구성요소

비용	직접비용	재료비, 원료와 장비, 시설비, 여행(출장) 및 잡비, 인건비 등
	간접비용	보험료, 건물관리비, 광고비, 통신비, 사무비품비, 각종 공과금 등

③ 예산수립 과정 : 필요한 과업 및 활동 구명 → 우선순위 결정 → 예산 배정

예제 3

당신은 가을 체육대회에서 총무를 맡으라는 지시를 받았다. 다음과 같은 계획에 따라 예산을 진행하였으나 확보된 예산이 생각보다 적게 되어 불가피하게 비용항목을 줄여야 한다. 다음 중 귀하가 비용 항목을 없애기에 가장 적절한 것은 무엇인가?

〈○○산업공단 춘계 1차 워크숍〉

1. 해당부서 : 인사관리팀, 영업팀, 재무팀
2. 일   정 : 2016년 4월 21일~23일(2박 3일)
3. 장   소 : 강원도 속초 ○○연수원
4. 행사내용 : 바다열차탑승, 체육대회, 친교의 밤 행사, 기타

① 숙박비 ② 식비
③ 교통비 ④ 기념품비

출제의도

업무에 소요되는 예산 중 꼭 필요한 것과 예산을 감축해야할 때 삭제 또는 감축이 가능한 것을 구분해내는 능력을 묻는 문항이다.

해 설

한정된 예산을 가지고 과업을 수행할 때에는 중요도를 기준으로 예산을 사용한다. 위와 같이 불가피하게 비용 항목을 줄여야 한다면 기본적인 항목인 숙박비, 식비, 교통비는 유지되어야 하기에 항목을 없애기 가장 적절한 정답은 ④번이 된다.

답 ④

(3) 물적관리능력

① 물적자원의 종류

　　㉠ 자연자원 : 자연상태 그대로의 자원 ex) 석탄, 석유 등

　　㉡ 인공자원 : 인위적으로 가공한 자원 ex) 시설, 장비 등

② 물적자원관리 : 물적자원을 효과적으로 관리할 경우 경쟁력 향상이 향상되어 과제 및 사업의 성공으로 이어지며, 관리가 부족할 경우 경제적 손실로 인해 과제 및 사업의 실패 가능성이 커진다.

③ 물적자원 활용의 방해요인

　　㉠ 보관 장소의 파악 문제

　　㉡ 훼손

　　㉢ 분실

④ 물적자원관리 과정

과정	내용
사용 물품과 보관 물품의 구분	• 반복 작업 방지 • 물품활용의 편리성
동일 및 유사 물품으로의 분류	• 동일성의 원칙 • 유사성의 원칙
물품 특성에 맞는 보관 장소 선정	• 물품의 형상 • 물품의 소재

예제 4

S호텔의 외식사업부 소속인 K씨는 예약일정 관리를 담당하고 있다. 아래의 예약 일정과 정보를 보고 K씨의 판단으로 옳지 않은 것은?

〈S호텔 일식 뷔페 1월 ROOM 예약 일정〉

* 예약 : ROOM 이름(시작시간)

SUN	MON	TUE	WED	THU	FRI	SAT
					1	2
					백합(16)	장미(11) 백합(15)
3	4	5	6	7	8	9
라일락(15)		백향목(10) 백합(15)	장미(10) 백향목(17)	백합(11) 라일락(18)	백향목(15)	장미(10) 라일락(15)

ROOM 구분	수용가능인원	최소투입인력	연회장 이용시간
백합	20	3	2시간
장미	30	5	3시간
라일락	25	4	2시간
백향목	40	8	3시간

– 오후 9시에 모든 업무를 종료함
– 한 타임 끝난 후 1시간씩 세팅 및 정리
– 동 시간 대 서빙 투입인력은 총 10명을 넘을 수 없음

안녕하세요, 1월 첫째 주 또는 둘째 주에 신년회 행사를 위해 ROOM을 예약하려고 하는데요. 저희 동호회의 총 인원은 27명이고 오후 8시쯤 마무리하려고 합니다. 신정과 주말, 월요일은 피하고 싶습니다. 예약이 가능할까요?

① 인원을 고려했을 때 장미ROOM과 백향목ROOM이 적합하겠군
② 만약 2명이 안 온다면 예약 가능한 ROOM이 늘어나겠구나
③ 조건을 고려했을 때 예약 가능한 ROOM은 5일 장미ROOM뿐이겠구나
④ 오후 5시부터 8시까지 가능한 ROOM을 찾아야해

출제의도

주어진 정보와 일정표를 토대로 이용 가능한 물적자원을 확보하여 이를 정확하게 안내할 수 있는 능력을 측정하는 문항이다. 고객이 제공한 정보를 정확하게 파악하고 그 조건 안에서 가능한 자원을 제공할 수 있어야 한다.

해설

③ 조건을 고려했을 때 5일 장미 ROOM과 7일 장미ROOM이 예약 가능하다.
① 참석 인원이 27명이므로 30명 수용 가능한 장미ROOM과 40명 수용 가능한 백향목ROOM 두 곳이 적합하다.
② 만약 2명이 안 온다면 총 참석인원 25명이므로 라일락ROOM, 장미 ROOM, 백향목ROOM이 예약 가능하다.
④ 오후 8시에 마무리하려고 계획하고 있으므로 적절하다.

답 ③

(4) 인적자원관리능력

① 인맥 : 가족, 친구, 직장동료 등 자신과 직접적인 관계에 있는 사람들인 핵심인맥과 핵심인맥들로부터 알게 된 파생인맥이 존재한다.

② 인적자원의 특성 : 능동성, 개발가능성, 전략적 자원

③ 인력배치의 원칙

　　㉠ 적재적소주의 : 팀의 효율성을 높이기 위해 팀원의 능력이나 성격 등과 가장 적합한 위치에 배치하여 팀원 개개인의 능력을 최대로 발휘해 줄 것을 기대하는 것

　　㉡ 능력주의 : 개인에게 능력을 발휘할 수 있는 기회와 장소를 부여하고 그 성과를 바르게 평가하며 평가된 능력과 실적에 대해 그에 상응하는 보상을 주는 원칙

　　㉢ 균형주의 : 모든 팀원에 대한 적재적소를 고려

④ 인력배치의 유형

　　㉠ 양적 배치 : 부문의 작업량과 조업도, 여유 또는 부족 인원을 감안하여 소요인원을 결정하여 배치하는 것

　　㉡ 질적 배치 : 적재적소의 배치

　　㉢ 적성 배치 : 팀원의 적성 및 흥미에 따라 배치하는 것

예제 5

최근 조직개편 및 연봉협상 과정에서 직원들의 불만이 높아지고 있다. 온갖 루머가 난무한 가운데 인사팀원인 당신에게 사내 게시판의 직원 불만사항에 대한 진위여부를 파악하고 대안을 세우라는 팀장의 지시를 받았다. 다음 중 당신이 조치를 취해야 하는 직원은 누구인가?

① 사원 A는 팀장으로부터 업무 성과가 탁월하다는 평가를 받았는데도 조직개편으로 인한 부서 통합으로 인해 승진을 못한 것이 불만이다.

② 사원 B는 회사가 예년에 비해 높은 영업 이익을 얻었는데도 불구하고 연봉 인상에 인색한 것이 불만이다.

③ 사원 C는 회사가 급여 정책을 변경해서 고정급 비율을 낮추고 기본급과 인센티브를 지급하는 제도로 바꾼 것이 불만이다.

④ 사원 D는 입사 동기인 동료가 자신보다 업무 실적이 좋지 않고 불성실한 근무태도를 가지고 있는데, 팀장과의 친분으로 인해 자신보다 높은 평가를 받은 것이 불만이다.

출제의도

주어진 직원들의 정보를 통해 시급하게 진위여부를 가리고 조치하여 인력 배치를 해야 하는 사항을 확인하는 문제이다.

해 설

사원 A, B, C는 각각 조직 정책에 대한 불만이기에 논의를 통해 조직적으로 대처하는 것이 옳지만, 사원 D는 팀장의 독단적인 전횡에 대한 불만이기 때문에 조사하여 시급히 조치할 필요가 있다. 따라서 가장 적절한 답은 ④번이 된다.

답 ④

05 정보능력(사무/ICT)

1 정보화사회와 정보능력

(1) 정보와 정보화사회

① 자료 · 정보 · 지식

구분	특징
자료Data)	객관적 실제의 반영이며, 그것을 전달할 수 있도록 기호화한 것
정보(Information)	자료를 특정한 목적과 문제해결에 도움이 되도록 가공한 것
지식(Knowledge)	정보를 집적하고 체계화하여 장래의 일반적인 사항에 대비해 보편성을 갖도록 한 것

② 정보화사회 : 필요로 하는 정보가 사회의 중심이 되는 사회

(2) 업무수행과 정보능력

① 컴퓨터의 활용 분야

　　㉠ 기업 경영 분야에서의 활용 : 판매, 회계, 재무, 인사 및 조직관리, 금융 업무 등

　　㉡ 행정 분야에서의 활용 : 민원처리, 각종 행정 통계 등

　　㉢ 산업 분야에서의 활용 : 공장 자동화, 산업용 로봇, 판매시점관리시스템(POS) 등

　　㉣ 기타 분야에서의 활용 : 교육, 연구소, 출판, 가정, 도서관, 예술 분야 등

② 정보처리과정

　　㉠ 정보 활용 절차 : 기획 → 수집 → 관리 → 활용

　　㉡ 5W2H : 정보 활용의 전략적 기획

　　　• WHAT(무엇을?) : 정보의 입수대상을 명확히 한다.

　　　• WHERE(어디에서?) : 정보의 소스(정보원)를 파악한다.

　　　• WHEN(언제까지) : 정보의 요구(수집)시점을 고려한다.

　　　• WHY(왜?) : 정보의 필요목적을 염두에 둔다.

　　　• WHO(누가?) : 정보활동의 주체를 확정한다.

　　　• HOW(어떻게) : 정보의 수집방법을 검토한다.

　　　• HOW MUCH(얼마나?) : 정보수집의 비용성(효용성)을 중시한다.

5W2H는 정보를 전략적으로 수집·활용할 때 주로 사용하는 방법이다. 5W2H에 대한 설명으로 옳지 않은 것은?

① WHAT : 정보의 수집방법을 검토한다.
② WHERE : 정보의 소스(정보원)를 파악한다.
③ WHEN : 정보의 요구(수집)시점을 고려한다.
④ HOW : 정보의 수집방법을 검토한다.

출제의도

방대한 정보들 중 꼭 필요한 정보와 수집 방법 등을 전략적으로 기획하고 정보수집이 이루어질 때 효과적인 정보 수집이 가능해진다. 5W2H는 이러한 전략적 정보 활용 기획의 방법으로 그 개념을 이해하고 있는지를 묻는 질문이다.

해 설

5W2H의 'WHAT'은 정보의 입수대상을 명확히 하는 것이다. 정보의 수집방법을 검토하는 것은 HOW(어떻게)에 해당되는 내용이다.

답 ①

(3) 사이버공간에서 지켜야 할 예절

① 인터넷의 역기능
　　㉠ 불건전 정보의 유통
　　㉡ 개인 정보 유출
　　㉢ 사이버 성폭력
　　㉣ 사이버 언어폭력
　　㉤ 언어 훼손
　　㉥ 인터넷 중독
　　㉦ 불건전한 교제
　　㉧ 저작권 침해

② 네티켓(netiquette) : 네트워크(network) + 에티켓(etiquette)

(4) 정보의 유출에 따른 피해사례

① 개인정보의 종류

    ㉠ 일반 정보 : 이름, 주민등록번호, 운전면허정보, 주소, 전화번호, 생년월일, 출생지, 본적지, 성별, 국적 등

    ㉡ 가족 정보 : 가족의 이름, 직업, 생년월일, 주민등록번호, 출생지 등

    ㉢ 교육 및 훈련 정보 : 최종학력, 성적, 기술자격증/전문면허증, 이수훈련 프로그램, 서클 활동, 상벌사항, 성격/행태보고 등

    ㉣ 병역 정보 : 군번 및 계급, 제대유형, 주특기, 근무부대 등

    ㉤ 부동산 및 동산 정보 : 소유주택 및 토지, 자동차, 저축현황, 현금카드, 주식 및 채권, 수집품, 고가의 예술품 등

    ㉥ 소득 정보 : 연봉, 소득의 원천, 소득세 지불 현황 등

    ㉦ 기타 수익 정보 : 보험가입현황, 수익자, 회사의 판공비 등

    ㉧ 신용 정보 : 대부상황, 저당, 신용카드, 담보설정 여부 등

    ㉨ 고용 정보 : 고용주, 회사주소, 상관의 이름, 직무수행 평가 기록, 훈련기록, 상벌기록 등

    ㉩ 법적 정보 : 전과기록, 구속기록, 이혼기록 등

    ㉪ 의료 정보 : 가족병력기록, 과거 의료기록, 신체장애, 혈액형 등

    ㉫ 조직 정보 : 노조가입, 정당가입, 클럽회원, 종교단체 활동 등

    ㉬ 습관 및 취미 정보 : 흡연/음주량, 여가활동, 도박성향, 비디오 대여기록 등

② 개인정보 유출방지 방법

    ㉠ 회원 가입 시 이용 약관을 읽는다.

    ㉡ 이용 목적에 부합하는 정보를 요구하는지 확인한다.

    ㉢ 비밀번호는 정기적으로 교체한다.

    ㉣ 정체불명의 사이트는 멀리한다.

    ㉤ 가입 해지 시 정보 파기 여부를 확인한다.

    ㉥ 남들이 쉽게 유추할 수 있는 비밀번호는 자제한다.

❷ 정보능력을 구성하는 하위능력

(1) 컴퓨터활용능력

① 인터넷 서비스 활용

　㉠ 전자우편(E-mail) 서비스 : 정보 통신망을 이용하여 다른 사용자들과 편지나 여러 정보를 주고받는 통신 방법

　㉡ 인터넷 디스크/웹 하드 : 웹 서버에 대용량의 저장 기능을 갖추고 사용자가 개인용 컴퓨터의 하드디스크와 같은 기능을 인터넷을 통하여 이용할 수 있게 하는 서비스

　㉢ 메신저 : 인터넷에서 실시간으로 메시지와 데이터를 주고받을 수 있는 소프트웨어

　㉣ 전자상거래 : 인터넷을 통해 상품을 사고팔거나 재화나 용역을 거래하는 사이버 비즈니스

② 정보검색 : 여러 곳에 분산되어 있는 수많은 정보 중에서 특정 목적에 적합한 정보만을 신속하고 정확하게 찾아내어 수집, 분류, 축적하는 과정

　㉠ 검색엔진의 유형

　　• 키워드 검색 방식 : 찾고자 하는 정보와 관련된 핵심적인 언어인 키워드를 직접 입력하여 이를 검색엔진에 보내어 검색 엔진이 키워드와 관련된 정보를 찾는 방식

　　• 주제별 검색 방식 : 인터넷상에 존재하는 웹 문서들을 주제별, 계층별로 정리하여 데이터베이스를 구축한 후 이용하는 방식

　　• 통합형 검색방식 : 사용자가 입력하는 검색어들이 연계된 다른 검색 엔진에게 보내고 이를 통하여 얻어진 검색 결과를 사용자에게 보여주는 방식

　㉡ 정보 검색 연산자

기호	연산자	검색조건
*, &	AND	두 단어가 모두 포함된 문서를 검색
|	OR	두 단어가 모두 포함되거나 두 단어 중에서 하나만 포함된 문서를 검색
-, !	NOT	'-' 기호나 '!' 기호 다음에 오는 단어는 포함하지 않는 문서를 검색
~, near	인접검색	앞/뒤의 단어가 가깝게 있는 문서를 검색

③ 소프트웨어의 활용

　㉠ 워드프로세서

　　• 특징 : 문서의 내용을 화면으로 확인하면서 쉽게 수정 가능, 문서 작성 후 인쇄 및 저장 가능, 글이나 그림의 입력 및 편집 가능

　　• 기능 : 입력기능, 표시기능, 저장기능, 편집기능, 인쇄기능 등

ⓛ 스프레드시트
- 특징 : 쉽게 계산 수행, 계산 결과를 차트로 표시, 문서를 작성하고 편집 가능
- 기능 : 계산, 수식, 차트, 저장, 편집, 인쇄기능 등

예제 2

귀하는 커피 전문점을 운영하고 있다. 아래와 같이 엑셀 워크시트로 4개 지점의 원두 구매 수량과 단가를 이용하여 금액을 산출하고 있다. 귀하가 다음 중 D3셀에서 사용하고 있는 함수식으로 옳은 것은? (단, 금액 = 수량 × 단가)

	A	B	C	D	E
1	지점	원두	수량(100g)	금액	
2	A	케냐	15	150000	
3	B	콜롬비아	25	175000	
4	C	케냐	30	300000	
5	D	브라질	35	210000	
6					
7		원두	100g당 단가		
8		케냐	10,000		
9		콜롬비아	7,000		
10		브라질	6,000		
11					

① =C3*VLOOKUP(B3, $B$8:$C$10, 1, 1)
② =B3*HLOOKUP(C3, $B$8:$C$10, 2, 0)
③ =C3*VLOOKUP(B3, $B$8:$C$10, 2, 0)
④ =C3*HLOOKUP($B$8:$C$10, 2, B3)

ⓒ 프레젠테이션
- 특징 : 각종 정보를 사용자 또는 대상자에게 쉽게 전달
- 기능 : 저장, 편집, 인쇄, 슬라이드 쇼 기능 등

ⓔ 유틸리티 프로그램 : 파일 압축 유틸리티, 바이러스 백신 프로그램

④ 데이터베이스의 필요성

ⓐ 데이터의 중복을 줄인다.

ⓛ 데이터의 무결성을 높인다.

ⓒ 검색을 쉽게 해준다.

ⓔ 데이터의 안정성을 높인다.

ⓜ 개발기간을 단축한다.

(2) 정보처리능력

① 정보원 : 1차 자료는 원래의 연구성과가 기록된 자료이며, 2차 자료는 1차 자료를 효과적으로 찾아보기 위한 자료 또는 1차 자료에 포함되어 있는 정보를 압축·정리한 형태로 제공하는 자료이다.

　　㉠ 1차 자료 : 단행본, 학술지와 논문, 학술회의자료, 연구보고서, 학위논문, 특허정보, 표준 및 규격자료, 레터, 출판 전 배포자료, 신문, 잡지, 웹 정보자원 등

　　㉡ 2차 자료 : 사전, 백과사전, 편람, 연감, 서지데이터베이스 등

② 정보분석 및 가공

　　㉠ 정보분석의 절차 : 분석과제의 발생 → 과제(요구)의 분석 → 조사항목의 선정 → 관련정보의 수집(기존자료 조사/신규자료 조사) → 수집정보의 분류 → 항목별 분석 → 종합·결론 → 활용·정리

　　㉡ 가공 : 서열화 및 구조화

③ 정보관리

　　㉠ 목록을 이용한 정보관리

　　㉡ 색인을 이용한 정보관리

　　㉢ 분류를 이용한 정보관리

예제 3

인사팀에서 근무하는 J씨는 회사가 성장함에 따라 직원 수가 급증하기 시작하면서 직원들의 정보관리 방법을 모색하던 중 다음과 같은 A사의 직원 정보관리 방법을 보게 되었다. J씨는 A사가 하고 있는 이 방법을 회사에도 도입하고자 한다. 이 방법은 무엇인가?

> A사의 인사부서에 근무하는 H씨는 직원들의 개인정보를 관리하는 업무를 담당하고 있다. A사에서 근무하는 직원은 수천 명에 달하기 때문에 H씨는 주요 키워드나 주제어를 가지고 직원들의 정보를 구분하여 관리하여, 찾을 때도 쉽고 내용을 수정할 때도 이전보다 훨씬 간편할 수 있도록 했다.

① 목록을 활용한 정보관리
② 색인을 활용한 정보관리
③ 분류를 활용한 정보관리
④ 1:1 매칭을 활용한 정보관리

출제의도

본 문항은 정보관리 방법의 개념을 이해하고 있는가를 묻는 문제이다.

해 설

주어진 자료의 A사에서 사용하는 정보관리는 주요 키워드나 주제어를 가지고 정보를 관리하는 방식인 색인을 활용한 정보관리이다. 디지털 파일에 색인을 저장할 경우 추가, 삭제, 변경 등이 쉽다는 점에서 정보관리에 효율적이다.

답 ②

06 기술능력(전기/ICT)

① 기술과 기술능력

(1) 기술과 과학

① 노하우(know-how)와 노와이(know-why)

   ㉠ 노하우 : 특허권을 수반하지 않는 과학자, 엔지니어 등이 가지고 있는 체화된 기술로 경험적이고 반복적인 행위에 의해 얻어진다.

   ㉡ 노와이 : 기술이 성립하고 작용하는가에 관한 원리적 측면에 중심을 둔 개념으로 이론적인 지식으로서 과학적인 탐구에 의해 얻어진다.

② 기술의 특징

   ㉠ 하드웨어나 인간에 의해 만들어진 비자연적인 대상, 혹은 그 이상을 의미한다.

   ㉡ 기술은 노하우(know-how)를 포함한다.

   ㉢ 기술은 하드웨어를 생산하는 과정이다.

   ㉣ 기술은 인간의 능력을 확장시키기 위한 하드웨어와 그것의 활용을 뜻한다.

   ㉤ 기술은 정의 가능한 문제를 해결하기 위해 순서화되고 이해 가능한 노력이다.

③ 기술과 과학 : 기술은 과학과 같이 추상적 이론보다는 실용성, 효용, 디자인을 강조하고 과학은 그 반대로 추상적 이론, 지식을 위한 지식, 본질에 대한 이해를 강조한다.

(2) 기술능력

① 기술능력과 기술교양 : 기술능력은 기술교양의 개념을 보다 구체화시킨 개념으로, 기술교양은 모든 사람들이 광범위한 관점에서 기술의 특성, 기술적 행동, 기술의 힘, 기술의 결과에 대해 어느 정도의 지식을 가지는 것을 의미한다.

② 기술능력이 뛰어난 사람의 특징

   ㉠ 실질적 해결을 필요로 하는 문제를 인식한다.

   ㉡ 인식된 문제를 위한 다양한 해결책을 개발하고 평가한다.

   ㉢ 실제적 문제를 해결하기 위해 지식이나 기타 자원을 선택·최적화시키며 적용한다.

   ㉣ 주어진 한계 속에서 제한된 자원을 가지고 일한다.

ⓜ 기술적 해결에 대한 효용성을 평가한다.

ⓗ 여러 상황 속에서 기술의 체계와 도구를 사용하고 배울 수 있다.

예제 1

Y그룹 기술연구소에 근무하는 정호는 연구 역량 강화를 위한 업계 워크숍에 참석해 기술 능력이 뛰어난 사람의 특징에 대해 기조 발표를 하려고 한다. 다음 중 정호가 발표에 포함시킬 내용으로 옳지 않은 것은?

① 기술의 체계와 같은 무형의 기술에 대한 능력과는 무관하다.
② 주어진 한계 속에서 제한된 자원을 가지고 일한다.
③ 기술적 해결에 대한 효용성을 평가한다.
④ 실질적 해결을 필요로 하는 문제를 인식한다.

---

③ 새로운 기술능력 습득방법

　⊙ 전문 연수원을 통한 기술과정 연수

　ⓛ E-learning을 활용한 기술교육

　ⓒ 상급학교 진학을 통한 기술교육

　ⓔ OJT를 활용한 기술교육

(3) 분야별 유망 기술 전망

① 전기전자정보공학분야 : 지능형 로봇 분야

② 기계공학분야 : 하이브리드 자동차 기술

③ 건설환경공학분야 : 지속가능한 건축 시스템 기술

④ 화학생명공학분야 : 재생에너지 기술

(4) 지속가능한 기술

① 지속가능한 발전 : 지금 우리의 현재 욕구를 충족시키면서 동시에 후속 세대의 욕구 충족을 침해하지 않는 발전

② 지속가능한 기술

　⊙ 이용 가능한 자원과 에너지를 고려하는 기술

　ⓛ 자원이 사용되고 그것이 재생산되는 비율의 조화를 추구하는 기술

　ⓒ 자원의 질을 생각하는 기술

　ⓔ 자원이 생산적인 방식으로 사용되는가에 주의를 기울이는 기술

(5) 산업재해

① 산업재해란 산업 활동 중의 사고로 인해 사망하거나 부상을 당하고, 또는 유해 물질에 의한 중독 등으로 직업성 질환에 걸리거나 신체적 장애를 가져오는 것을 말한다.

② 산업 재해의 기본적 원인

⊙ 교육적 원인 : 안전 지식의 불충분, 안전 수칙의 오해, 경험이나 훈련의 불충분과 작업관리자의 작업 방법의 교육 불충분, 유해 위험 작업 교육 불충분 등

ⓛ 기술적 원인 : 건물·기계 장치의 설계 불량, 구조물의 불안정, 재료의 부적합, 생산 공정의 부적당, 점검·정비·보존의 불량 등

ⓒ 작업 관리상 원인 : 안전 관리 조직의 결함, 안전 수칙 미제정, 작업 준비 불충분, 인원 배치 및 작업 지시 부적당 등

예제 2

다음은 철재가 알아낸 산업재해 원인과 관련된 자료이다. 다음 자료에 해당하는 산업재해의 기본적인 원인은 무엇인가?

〈2015년 산업재해 현황분석 자료에 따른 사망자의 수〉

(단위 : 명)

사망원인	사망자 수
안전 지식의 불충분	120
안전 수칙의 오해	56
경험이나 훈련의 불충분	73
작업관리자의 작업방법 교육 불충분	28
유해 위험 작업 교육 불충분	91
기타	4

출처 : 고용노동부 2015 산업재해 현황분석

① 정책적 원인
② 작업 관리상 원인
③ 기술적 원인
④ 교육적 원인

출제의도

산업재해의 원인은 크게 기본적 원인과 직접적 원인으로 나눌 수 있고 이들 원인은 다시 여러 개의 세부 원인들로 나뉜다. 표에 나와 있는 각각의 원인들이 어디에 속하는지 잘 구분할 수 있어야 한다.

해 설

④ 안전 지식의 불충분, 안전 수칙의 오해, 경험이나 훈련의 불충분, 작업관리자의 작업방법 교육 불충분, 유해 위험 작업 교육 불충분 등은 산업재해의 기본적 원인 중 교육적 원인에 해당한다.

답 ④

---

③ 산업 재해의 직접적 원인

⊙ 불안전한 행동 : 위험 장소 접근, 안전장치 기능 제거, 보호 장비의 미착용 및 잘못 사용, 운전 중인 기계의 속도 조작, 기계·기구의 잘못된 사용, 위험물 취급 부주의, 불안전한 상태 방치, 불안전한 자세와 동작, 감독 및 연락 잘못 등

ⓛ 불안전한 상태 : 시설물 자체 결함, 전기 기설물의 누전, 구조물의 불안정, 소방기구의 미확보, 안전 보호 장치 결함, 복장·보호구의 결함, 시설물의 배치 및 장소 불량, 작업 환경 결함, 생산 공정의 결함, 경계 표시 설비의 결함 등

④ 산업 재해의 예방 대책

　㉠ 안전 관리 조직 : 경영자는 사업장의 안전 목표를 설정하고, 안전 관리 책임자를 선정해야 하며, 안전 관리 책임자는 안전 계획을 수립하고, 이를 시행·후원·감독해야 한다.

　㉡ 사실의 발견 : 사고 조사, 안전 점검, 현장 분석, 작업자의 제안 및 여론 조사, 관찰 및 보고서 연구, 면담 등을 통하여 사실을 발견한다.

　㉢ 원인 분석 : 재해의 발생 장소, 재해 형태, 재해 정도, 관련 인원, 직원 감독의 적절성, 공구 및 장비의 상태 등을 정확히 분석한다.

　㉣ 시정책의 선정 : 원인 분석을 토대로 적절한 시정책, 즉 기술적 개선, 인사 조정 및 교체, 교육, 설득, 호소, 공학적 조치 등을 선정한다.

　㉤ 시정책 적용 및 뒤처리 : 안전에 대한 교육 및 훈련 실시, 안전시설과 장비의 결함 개선, 안전 감독 실시 등의 선정된 시정책을 적용한다.

② 기술능력을 구성하는 하위능력

(1) 기술이해능력

① 기술시스템

　㉠ 개념 : 기술시스템은 인공물의 집합체만이 아니라 회사, 투자회사, 법적 제도, 정치, 과학, 자연자원을 모두 포함하는 것이기 때문에, 기술적인 것(the technical)과 사회적인 것(the social)이 결합해서 공존한다.

　㉡ 기술시스템의 발전 단계 : 발명·개발·혁신의 단계→기술 이전의 단계→기술 경쟁의 단계→기술 공고화 단계

② 기술혁신

　㉠ 기술혁신의 특성

　　• 기술혁신은 그 과정 자체가 매우 불확실하고 장기간의 시간을 필요로 한다.

　　• 기술혁신은 지식 집약적인 활동이다.

　　• 혁신 과정의 불확실성과 모호함은 기업 내에서 많은 논쟁과 갈등을 유발할 수 있다.

　　• 기술혁신은 조직의 경계를 넘나드는 특성을 갖고 있다.

ⓛ 기술혁신의 과정과 역할

기술혁신 과정	혁신 활동	필요한 자질과 능력
아이디어 창안	• 아이디어를 창출하고 가능성을 검증 • 일을 수행하는 새로운 방법 고안 • 혁신적인 진보를 위한 탐색	• 각 분야의 전문지식 • 추상화와 개념화 능력 • 새로운 분야의 일을 즐김
챔피언	• 아이디어의 전파 • 혁신을 위한 자원 확보 • 아이디어 실현을 위한 헌신	• 정력적이고 위험을 감수함 • 아이디어의 응용에 관심
프로젝트 관리	• 리더십 발휘 • 프로젝트의 기획 및 조직 • 프로젝트의 효과적인 진행 감독	• 의사결정 능력 • 업무 수행 방법에 대한 지식
정보 수문장	• 조직외부의 정보를 내부 구성원들에게 전달 • 조직 내 정보원 기능	• 높은 수준의 기술적 역량 • 원만한 대인 관계 능력
후원	• 혁신에 대한 격려와 안내 • 불필요한 제약에서 프로젝트 보호 • 혁신에 대한 자원 획득을 지원	• 조직의 주요 의사결정에 대한 영향력

(2) 기술선택능력

① 기술선택 : 기업이 어떤 기술을 외부로부터 도입하거나 자체 개발하여 활용할 것인가를 결정하는 것이다.

  ㉠ 기술선택을 위한 의사결정
  • 상향식 기술선택 : 기업 전체 차원에서 필요한 기술에 대한 체계적인 분석이나 검토 없이 연구자나 엔지니어들이 자율적으로 기술을 선택하는 것
  • 하향식 기술선택 : 기술경영진과 기술기획담당자들에 의한 체계적인 분석을 통해 기업이 획득해야 하는 대상기술과 목표기술수준을 결정하는 것

  ㉡ 기술선택을 위한 절차

```
    외부환경분석
        ↓
중장기 사업목표 설정 → 사업 전략 수립 → 요구기술 분석 → 기술전략 수립 → 핵심기술 선택
        ↓
    내부 역량 분석
```

  • 외부환경분석 : 수요변화 및 경쟁자 변화, 기술 변화 등 분석
  • 중장기 사업목표 설정 : 기업의 장기비전, 중장기 매출목표 및 이익목표 설정
  • 내부 역량 분석 : 기술능력, 생산능력, 마케팅/영업능력, 재무능력 등 분석
  • 사업 전략 수립 : 사업 영역결정, 경쟁 우위 확보 방안 수립
  • 요구기술 분석 : 제품 설계/디자인 기술, 제품 생산공정, 원재료/부품 제조기술 분석
  • 기술전략 수립 : 기술획득 방법 결정

ⓒ 기술선택을 위한 우선순위 결정
- 제품의 성능이나 원가에 미치는 영향력이 큰 기술
- 기술을 활용한 제품의 매출과 이익 창출 잠재력이 큰 기술
- 쉽게 구할 수 없는 기술
- 기업 간에 모방이 어려운 기술
- 기업이 생산하는 제품 및 서비스에 보다 광범위하게 활용할 수 있는 기술
- 최신 기술로 진부화될 가능성이 적은 기술

예제 3

주현은 건설회사에 근무하면서 프로젝트 관리를 한다. 얼마 전 대규모 프로젝트에 참가한 한 하청업체가 중간 보고회를 열고 다음과 같이 자신들이 이번 프로젝트의 성공적 마무리를 위해 노력하고 있음을 설명하고 있다. 다음 중 총괄 책임자로서 주현이 하청업체의 올바른 추진 방향으로 인정해줘야 하는 부분으로 바르게 묶인 것은?

> ㉠ 정부 및 환경단체가 요구하는 성과평가의 실천 방안을 연구하여 반영하고 있습니다.
> ㉡ 이번 프로젝트 성공을 위해 기술적 효용과 함께 환경적 효용도 추구하고 있습니다.
> ㉢ 오염 예방을 위한 청정 생산기술을 진단하고 컨설팅하면서 협력회사와 연대하고 있습니다.
> ㉣ 환경영향평가에 대해서는 철저한 사후평가 방식으로 진행하고 있습니다.

① ㉠㉡㉢ ② ㉠㉡㉣
③ ㉠㉢㉣ ④ ㉡㉢㉣

출제의도

실제 현장에서 사용하는 기술들에 대해 바람직한 평가요소는 무엇인지 묻는 문제다.

해 설

㉣ 환경영향평가에 대해서는 철저한 사전평가 방식으로 진행해야 한다.

답 ①

② 벤치마킹
ⓒ 벤치마킹의 종류

기준	종류
비교대상에 따른 분류	• 내부 벤치마킹 : 같은 기업 내의 다른 지역, 타 부서, 국가 간의 유사한 활동을 비교대상으로 함 • 경쟁적 벤치마킹 : 동일 업종에서 고객을 직접적으로 공유하는 경쟁기업을 대상으로 함 • 비경쟁적 벤치마킹 : 제품, 서비스 및 프로세스의 단위 분야에 있어 가장 우수한 실무를 보이는 비경쟁적 기업 내의 유사 분야를 대상으로 함 • 글로벌 벤치마킹 : 프로세스에 있어 최고로 우수한 성과를 보유한 동일업종의 비경쟁적 기업을 대상으로 함
수행방식에 따른 분류	• 직접적 벤치마킹 : 벤치마킹 대상을 직접 방문하여 수행하는 방법 • 간접적 벤치마킹 : 인터넷 및 문서형태의 자료를 통해서 수행하는 방법

ⓛ 벤치마킹의 주요 단계
- 범위결정 : 벤치마킹이 필요한 상세 분야를 정의하고 목표와 범위를 결정하며 벤치마킹을 수행할 인력들을 결정
- 측정범위 결정 : 상세분야에 대한 측정항목을 결정하고, 측정항목이 벤치마킹의 목표를 달성하는 데 적정한가를 검토
- 대상 결정 : 비교분석의 대상이 되는 기업/기관들을 결정하고, 대상 후보별 벤치마킹 수행의 타당성을 검토하여 최종적인 대상 및 대상별 수행방식을 결정
- 벤치마킹 : 직접 또는 간접적인 벤치마킹을 진행
- 성과차이 분석 : 벤치마킹 결과를 바탕으로 성과차이를 측정항목별로 분석
- 개선계획 수립 : 성과차이에 대한 원인 분석을 진행하고 개선을 위한 성과목표를 결정하며, 성과목표를 달성하기 위한 개선계획을 수립
- 변화 관리 : 개선목표 달성을 위한 변화사항을 지속적으로 관리하고, 개선 후 변화사항과 예상했던 변화 사항을 비교

③ 매뉴얼 : 매뉴얼의 사전적 의미는 어떤 기계의 조작 방법을 설명해 놓은 사용 지침서이다.

ⓐ 매뉴얼의 종류
- 제품 매뉴얼 : 사용자를 위해 제품의 특징이나 기능 설명, 사용방법과 고장 조치방법, 유지 보수 및 A/S, 폐기까지 제품에 관련된 모든 서비스에 대해 소비자가 알아야 할 모든 정보를 제공하는 것
- 업무 매뉴얼 : 어떤 일의 진행 방식, 지켜야할 규칙, 관리상의 절차 등을 일관성 있게 여러 사람이 보고 따라할 수 있도록 표준화하여 설명하는 지침서

ⓛ 매뉴얼 작성을 위한 Tip
- 내용이 정확해야 한다.
- 사용자가 알기 쉽게 쉬운 문장으로 쓰여야 한다.
- 사용자의 심리적 배려가 있어야 한다.
- 사용자가 찾고자 하는 정보를 쉽게 찾을 수 있어야 한다.
- 사용하기 쉬어야 한다.

(3) 기술적용능력

① 기술적용

ⓐ 기술적용 형태
- 선택한 기술을 그대로 적용한다.
- 선택한 기술을 그대로 적용하되, 불필요한 기술은 과감히 버리고 적용한다.
- 선택한 기술을 분석하고 가공하여 활용한다.

ⓛ 기술적용 시 고려 사항

- 기술적용에 따른 비용이 많이 드는가?
- 기술의 수명 주기는 어떻게 되는가?
- 기술의 전략적 중요도는 어떻게 되는가?
- 잠재적으로 응용 가능성이 있는가?

② 기술경영자와 기술관리자

㉠ 기술경영자에게 필요한 능력

- 기술을 기업의 전반적인 전략 목표에 통합시키는 능력
- 빠르고 효과적으로 새로운 기술을 습득하고 기존의 기술에서 탈피하는 능력
- 기술을 효과적으로 평가할 수 있는 능력
- 기술 이전을 효과적으로 할 수 있는 능력
- 새로운 제품개발 시간을 단축할 수 있는 능력
- 크고 복잡하고 서로 다른 분야에 걸쳐 있는 프로젝트를 수행할 수 있는 능력
- 조직 내의 기술 이용을 수행할 수 있는 능력
- 기술 전문 인력을 운용할 수 있는 능력

예제 4

다음은 기술경영자의 어떤 부분을 이야기하고 있는가?

> 어떤 일을 마무리하는 데 있어서 6개월의 시간이 걸린다면 그는 그 일을 한 달 안으로 끝낼 것을 원한다. 그에게 강한 밀어붙임을 경험한 사람들은 그에 대해 비판적인 입장을 취하기도 한다. 그의 직원 중 일부는 그 무게를 이겨내지 못하고, 다른 일부의 직원들은 그것을 스스로 더욱 열심히 할 수 있는 자극제로 사용한다고 말한다.

① 빠르고 효과적으로 새로운 기술을 습득하는 능력
② 기술 이전을 효과적으로 할 수 있는 능력
③ 기술 전문 인력을 운용할 수 있는 능력
④ 조직 내의 기술 이용을 수행할 수 있는 능력

출제의도

해당 사례가 기술경영자에게 필요한 능력 중 무엇에 해당하는 내용인지 묻는 문제로 각 능력에 대해 확실하게 이해하고 있어야 한다.

해 설

③ 기술경영자는 기술 전문 인력을 운용함에 있어 강한 리더십을 발휘하고 직원 스스로 움직일 수 있게 이끌 수 있어야 한다.

답 ③

ⓛ 기술관리자에게 필요한 능력

　　　• 기술을 운용하거나 문제 해결을 할 수 있는 능력

　　　• 기술직과 의사소통을 할 수 있는 능력

　　　• 혁신적인 환경을 조성할 수 있는 능력

　　　• 기술적, 사업적, 인간적인 능력을 통합할 수 있는 능력

　　　• 시스템적인 관점

　　　• 공학적 도구나 지원방식에 대한 이해 능력

　　　• 기술이나 추세에 대한 이해 능력

　　　• 기술팀을 통합할 수 있는 능력

③ 네트워크 혁명

　　㉠ 네트워크 혁명의 3가지 법칙

　　　• 무어의 법칙 : 컴퓨터의 파워가 18개월마다 2배씩 증가한다는 법칙

　　　• 메트칼피의 법칙 : 네트워크의 가치는 사용자 수의 제곱에 비례한다는 법칙

　　　• 카오의 법칙 : 창조성은 네트워크에 접속되어 있는 다양한 지수함수로 비례한다는 법칙

　　㉡ 네트워크 혁명의 역기능 : 디지털 격차(digital divide), 정보화에 따른 실업의 문제, 인터넷 게임과
　　　채팅 중독, 범죄 및 반사회적인 사이트의 활성화, 정보기술을 이용한 감시 등

예제 5

직표는 J그룹의 기술연구팀에서 근무하고 있는데 하루는 공정 개선 워크숍이 열
려 최근 사내에서 이슈로 떠오른 신 제조공법의 도입과 관련해 토론을 벌이고 있
다. 신 제조공법 도입으로 인한 이해득실에 대해 의견이 분분한 가운데 직표가 할
수 있는 발언으로 옳지 않은 것은?

① "기술의 수명 주기뿐만 아니라 기술의 전략적 중요성과 잠재적 응용 가능성 등도
　 따져봐야 합니다."

② "다른 것은 그냥 넘어가도 되지만 기계 교체로 인한 막대한 비용만큼은 철저히 고
　 려해야 합니다."

③ "신 제조공법 도입이 우리 회사의 어떤 시장 전략과 연관되어 있는지 궁금합니다."

④ "신 제조공법의 수명을 어떻게 예상하고 있는지 알고 싶군요."

기술적용능력에 대해 포괄적으로 묻
는 문제로 신기술 적용 시 중요하게
생각해야 할 요소로는 무엇이 있는지
파악하고 있어야 한다.

해　설

② 기계 교체로 인한 막대한 비용뿐
만 아니라 신 기술도입과 관련된 모
든 사항에 대해 사전에 철저히 고려
해야 한다.

답 ②

PART

II

NCS 예상문제

1 다음은 한국전력공사에 대한 설명이다. 잘못 쓰인 글자는 모두 몇 개인가?

> KEPCO의 역활은 KEPCO는 전원개발 촉진, 전력수급 안정화, 국민경제 발전 기여를 목적으로 '한국전력공사법'에 의해 설립된 법인이며, '공공기관의 운영에 관한 법율'에 따라 시장형 공기업으로 분류됩니다. KEPCO는 설립목적에 따라 전력자원의 개발, 발전, 송전, 변전, 배전 및 이와 관련되는 영업, 연구 및 기술 개발, 해외사업, 투자 또는 출현, 보유부동산 활용사업을 수행하고 있습니다.

① 3개　　　　　　　　　　　　　② 4개
③ 5개　　　　　　　　　　　　　④ 6개

2 다음은 정보 공개 청구권자에 대한 자료이다. 다음 중 맞춤법이 틀린 것끼리 짝지어진 것은?

> 정보 공개 청구권자
> • 모든 국민
> – 미성년자, ⓐ<u>제외국민</u>, 수형인 등 포함
> • 법인
> – 사법상의 사단법인/재단법인, 공법상의 법인(자치단체 포함), 정부투자기관, ⓑ<u>정부출연기관</u> 등
> – ⓒ<u>법인격</u> 없는 단체나 기관 포함(종중, 동창회 등)
> • 외국인
> – 국내에 일정한 주소를 두고 거주하는 자
> – 학술 연구를 위하여 일시적으로 ⓓ<u>채류</u>하는 자
> – 국내에 사무소를 두고 있는 법인 또는 단체

① ⓐ, ⓑ　　　　　　　　　　　② ⓑ, ⓒ
③ ⓑ, ⓓ　　　　　　　　　　　④ ⓐ, ⓓ

3 다음은 한국전력공사법의 내용 중 일부이다. 밑줄 친 단어의 한자 표기로 옳지 않은 것은?

제14조(이익금의 처리)
① 공사는 매 사업연도의 결산 결과 이익이 생긴 경우에는 주주총회의 <u>의결</u>을 거쳐 다음 각 호의 순서에 따라 처리하여야 한다.
   1. 이월손실금의 보전
   2. 자본금의 2분의 1에 이를 때까지 이익금의 10분의 2 이상을 이익준비금으로 적립
   3. 주주에 대한 <u>배당</u>
   4. 사업확장적립금으로 적립
   5. 배당평균적립금으로 적립
   6. 이월이익잉여금
② 제13조 제1항 제7호에 따른 사업의 수익금은 「전기사업법」 제2조 제17호의 전기사업용 전기설비 중 <u>송전·변전</u>·배전 설비를 옥내화·지하화·지중화하는 등 환경친화적 설비로 건설하기 위한 재원으로 사용하여야 한다.

① 의결(議決)
② 배당(配當)
③ 송전(松田)
④ 변전(變電)

4 다음 중 관용적 표현이 사용되지 않은 문장은?

① 바깥에 나갔다 오면 손을 씻으렴.
② 손자들이 재롱부리는 모습이 눈에 밟히네.
③ 폭설로 승객 6백여 명이 열차 안에 발이 묶였다.
④ 문제 해결을 위해서 우리 모두 머리를 맞대자.

5 다음 중 글의 흐름으로 볼 때 삭제해도 되는 문장은?

> 토의는 어떤 공통된 문제에 대해 최선의 해결안을 얻기 위하여 여러 사람이 의논하는 말하기 양식이다. ㉠ 패널 토의, 심포지엄 등이 그 대표적 예이다. ㉡ 토의가 여러 사람이 모여 공동의 문제를 해결하는 것이라면 토론은 의견을 모으지 못한 어떤 쟁점에 대하여 찬성과 반대로 나뉘어 각자의 주장과 근거를 들어 상대방을 설득하는 것이라 할 수 있다. ㉢ 패널 토의는 3 ~ 6인의 전문가들이 사회자의 진행에 따라, 일반 청중 앞에서 토의 문제에 대한 정보나 지식, 의견이나 견해 등을 자유롭게 주고받는 유형이다. ㉣ 심포지엄은 전문가가 참여한다는 점, 청중과 질의 · 응답 시간을 갖는다는 점에서는 패널토의와 비슷하다. 다만 전문가가 토의 문제의 하위 주제에 대해 서로 다른 관점에서 연설이나 강연의 형식으로 10분 정도 발표한다는 점에서는 차이가 있다.

① ㉠   ② ㉡

③ ㉢   ④ ㉣

6 다음 중 괄호 안에 들어갈 접속사를 순서대로 바르게 나열한 것은?

> 인류는 지혜가 발달하면서 점차 자연의 원리를 깨닫고 새로운 도구를 만들 줄 알게 되었다. 도구의 발달은 기술의 발전으로 이어져 인간은 자연 환경의 제약으로부터 벗어날 수 있게 되었다. (   ) 인간은 자연이 주는 혜택과 고난 속에서 자신의 의지에 따라 선택적으로 자연을 이용하고 극복하게 되었다. (   ) 필리핀의 고산 지대에서 농지가 부족한 자연 환경을 극복하기 위해 계단처럼 논을 만들어 벼농사를 지은 것을 들 수 있다.

① 그러나 – 그럼에도 불구하고   ② 그러나 – 왜냐하면

③ 그래서 – 예를 들면   ④ 그래서 – 하지만

7 다음 중 제시된 문장들을 논리적으로 가장 바르게 배열한 것을 고르면?

> ㉠ 그러므로 문학 작품을 감상하는 일도 다른 종류의 글을 읽는 일과 근본적으로 다르지 않다.
> ㉡ 시나 소설과 같은 문학 작품도 글의 한 종류이다.
> ㉢ 우선 그 글에 사용된 단어들의 뜻을 정확하게 알아야 하고, 문장과 단락의 뜻, 그리고 그것들이 질서 있게 모여서 이루어진 글 전체의 뜻을 잘 파악해서 글쓴이가 말하고자 한 바를 충분히 이해해야 한다.
> ㉣ 어떤 사실이나 대상에 대해서 설명하는 글도 있고, 어떤 주장을 논리적으로 펴는 글도 있으며, 자신의 삶을 기록하는 일기나 자서전과 같은 글도 있다.
> ㉤ 글에는 여러 가지 종류가 있다

① ㉤ – ㉣ – ㉡ – ㉠ – ㉢
② ㉤ – ㉡ – ㉠ – ㉣ – ㉢
③ ㉣ – ㉤ – ㉢ – ㉠ – ㉡
④ ㉣ – ㉢ – ㉤ – ㉡ – ㉠

▌8~10▌ 다음 글을 읽고 물음에 답하시오.

가훈은 가정의 윤리적 지침으로서 가족들이 지켜야 할 도덕적인 덕목을 간명하게 표현한 것으로 가계·정훈·가규라고도 한다. 가정은 사회생활의 기본적인 바탕이 되는 곳이므로 자녀들이 사회를 보는 눈은 가정에서 형성된 가치관을 통해서 길러지게 된다. 따라서 가훈은 사회의 윤리관에 우선하는 것이며 사회교육에서 기대할 수 없는 독특한 교육적 기능을 가지고 있다. 가훈은 주로 수신제가하는 방법을 가르치는 것으로서 중국에서는 남북조시대 안지추가 지은 「안씨가훈」, 당나라 하동 유씨의 가훈, 송나라 사마광의 가범, 주자가훈, 원채의 원씨세범, 원나라 때의 정씨가범, 명나라 때의 곽위애의 가훈, 방씨가훈 등이 유명하다. 특히 「안씨가훈」은 가장 대표적인 것으로서 가족도덕을 비롯하여 학문·교양·사상·생활양식과 태도, 처세와 교제방법, 언어·예술에 이르기까지 구체적인 체험과 사례들을 열거하여 자세히 기록하였으며, 시세에 편승하지 않고 조화와 평화, 안전을 중요시하며 소박하고 견실한 가정생활을 이상으로 삼고 있다. 또한 가훈으로서 뿐 아니라 사회·경제를 비롯한 모든 면에서 당시의 풍조를 연구하는 데 「안씨가훈」은 가치 있는 자료이다. 우리나라에서는 가훈이 없는 집안이 거의 없을 정도로 보편화되어 있는데 김유신 집안의 '충효', 최영 집안의 '황금 보기를 돌같이 하라.', 신사임당의 '신의·지조·청백·성실·우애', 김굉필의 '인륜', 이언적의 '근검과 절약', 이이의 '화목과 우애' 등은 오랫동안 그들 집안의 생활신조로 이어졌던 대표적인 가훈들이다.

8 다음 중 옳지 않은 것은?

① 가훈은 한 가정 내의 가족들이 지켜야 할 도덕적인 덕목을 표현한 것이다.

② 가훈은 수신제가하는 방법을 가르치는 것으로 중국의 「안씨가훈」이 그 효시라 할 수 있다.

③ 우리나라에서도 가훈은 대단히 보편화되어 있어 예부터 각 집안마다 가훈이 없는 집이 없을 정도였다.

④ 자녀들의 사회를 보는 눈은 가정에서 형성된 가치관에 의해 길러지므로 가훈은 사회교육에서 기대할 수 없는 독특한 교육적 기능을 담당한다.

9 다음은 과거와 현재 우리나라에서 사용하고 있는 가훈들 중 일부를 구분한 것이다. 이를 통해 알 수 있는 사실로 가장 옳지 않은 것은?

〈과거〉

- 충효
- 황금 보기를 돌같이 하라.
- 신의 · 지조 · 청백 · 성실 · 우애
- 인륜
- 근검과 절약
- 화목과 우애

〈현재〉

- 여자 말을 잘 듣자
- 주식을 하지 말자 · 보증을 서지 말자 · 밥은 먹고 살자
- 항상 행복하고 사랑하며 살자
- 아내 말을 잘 듣자 · 주는 대로 먹어라 · 나도 언젠간 쓸모가 있겠지
- 방목 · 자율 · 책임

---

① 가훈을 통해 그 집안사람들의 성격 및 가치관, 그리고 시대상 등을 알 수 있다.

② 현재의 가정에서는 과거에 비해 여자의 지위가 많이 높아졌음을 알 수 있다.

③ 가훈은 가정의 윤리적 지침을 나타낸 것으로 현재 우리가 사용하는 가훈들 중에는 그 격에 맞지 않는 것들이 대부분이다.

④ 과거의 가훈들이 주로 유교적인 덕목을 내세운 반면 현재의 가훈들은 물질적인 덕목을 내세우기도 한다.

10 위 글을 통해 알 수 있는 사실로 옳지 않은 것은?

① 오늘날 가훈의 특징

② 우리나라의 대표적인 가훈의 예

③ 가정 내에서 가훈이 가지는 기능

④ 중국의 대표적인 가훈들

11 다음 제시된 글의 주제로 가장 적합한 것은?

> 만약 영화관에서 영화가 재미없다면 중간에 나오는 것이 경제적일까, 아니면 끝까지 보는 것이 경제적일까? 아마 지불한 영화 관람료가 아깝다고 생각한 사람은 영화가 재미없어도 끝까지 보고 나올 것이다. 과연 그러한 행동이 합리적일까? 영화관에 남아서 영화를 계속 보는 것은 영화관에 남아 있으면서 기회비용을 포기하는 것이다. 이 기회비용은 영화관에서 나온다면 할 수 있는 일들의 가치와 동일하다. 영화관에서 나온다면 할 수 있는 유용하고 즐거운 일들은 얼마든지 있으므로, 영화를 계속 보면서 치르는 기회비용은 매우 크다고 할 수 있다. 결국 영화관에 남아서 재미없는 영화를 계속 보는 행위는 더 큰 기회와 잠재적인 이익을 포기하는 것이므로 합리적인 경제 행위라고 할 수 없다.
>
> 경제 행위의 의사 결정에서 중요한 것은 과거의 매몰비용이 아니라 현재와 미래의 선택기회를 반영하는 기회비용이다. 매몰비용이 발생하지 않도록 신중해야 한다는 교훈은 의미가 있지만 이미 발생한 매몰비용, 곧 돌이킬 수 없는 과거의 일에 얽매이는 것은 어리석은 짓이다. 과거는 과거일 뿐이다. 지금 얼마를 손해 보았는지가 중요한 것이 아니라, 지금 또는 앞으로 얼마나 이익을 또는 손해를 보게 될지가 중요한 것이다. 매몰비용은 과감하게 잊어버리고, 현재와 미래를 위한 삶을 살 필요가 있다. 경제적인 삶이란, 실패한 과거에 연연하지 않고 현재를 합리적으로 사는 것이기 때문이다.

① 돌이킬 수 없는 과거의 매몰비용에 얽매이는 것은 어리석은 짓이다.
② 경제 행위의 의사 결정에서 중요한 것은 미래의 선택기회를 반영하는 기회비용이다.
③ 매몰비용은 과감하게 잊어버리고, 기회비용을 고려할 필요가 있다.
④ 실패한 과거에 연연하지 않고 현재를 합리적으로 사는 경제적인 삶을 살아가는 것이 중요하다.

12 다음 글의 밑줄 친 부분을 고쳐 쓰기 위한 방안으로 적절하지 않은 것은?

> 봉사는 자발적으로 이루어지는 것이므로 원칙적으로 아무런 보상이 주어지지 않는다. ⊙그리고 적절한 칭찬이 주어지면 자발적 봉사자들의 경우에도 더욱 적극적으로 활동하게 된다고 한다. ⓒ그러나 이러한 칭찬 대신 일정액의 보상을 제공하면 어떻게 될까? ⓒ오히려 봉사자들의 동기는 약화된다고 한다. 왜냐하면 봉사에 대해 주어지는 금전적 보상은 봉사자들에게 그릇된 메시지를 전달하기 때문이다. 봉사에 보수가 주어지면 봉사자들은 다른 봉사자들도 무보수로는 일하지 않는다고 생각할 것이고 언제나 보수를 기대하게 된다. 보수를 기대하게 되면 그것은 봉사라고 하기 어렵다. ⓔ즉, 자발적 봉사가 사라진 자리를 이익이 남는 거래가 차지하고 만다.

① ⊙은 앞의 문장과는 상반된 내용이므로 '하지만'으로 고쳐 쓴다.
② ⓒ에서 만일의 상황을 가정하므로 '그러나'는 '만일'로 고쳐 쓴다.
③ ⓒ '오히려'는 뒤 내용이 일반적 예상과는 다른 결과가 될 것임을 암시하는데, 이는 적절하므로 그대로 둔다.
④ ⓔ의 '즉'은 '예를 들면'으로 고쳐 쓴다.

13 다음 글의 서술상의 특징으로 옳지 않은 것은?

> 한국문학은 흔히 한국 민족에 의해 한국어를 기반으로 계승·발전한 문학을 일컫는다. 그렇다면 한국문학에는 어떤 것들이 있을까? 한국문학은 크게 세 가지로 구분할 수 있는데 차자문학, 한문학, 국문학이 그것이다. 차자문학은 고대시대에 우리말을 따로 표기할 문자가 없어 중국의 한자를 우리말 어순에 맞게 빌려와 기록한 문학으로 대표적인 예로 향가를 들 수 있다. 그리고 한문학이란 한문으로 기록된 문학을 말하는데 중세시대 동아시아의 모든 국가들이 공통 문자로 한문을 사용했다는 점에서 이 시기 한문학 또한 우리 한국문학의 하나로 볼 수 있다. 마지막으로 국문학은 조선 세종의 훈민정음 창제 이후 훈민정음(한글)로 기록된 문학을 말한다.

① 기존의 주장을 반박하는 방식으로 논지를 펼치고 있다.
② 용어의 정의를 통해 논지에 대한 독자의 이해를 돕고 있다.
③ 의문문을 사용함으로써 독자들에게 호기심을 유발시키고 있다.
④ 근거를 갖추어 주장을 펼치고 있다.

14 내용 전개상 단락 배열이 가장 적절한 것은?

ⓐ 끝으로 지금까지 우리나라 기업의 자금조달 방식을 살펴보면 주요 선진국들에 비해 간접금융이 차지하는 비중은 높았던 반면 직접금융의 비중은 금융환경의 변화에 따라 급감하거나 급증하는 등 변동성이 매우 컸다. 직접금융을 상대적으로 중시하는 시장중심 금융시스템과 간접금융을 상대적으로 중시하는 은행 중심 금융시스템 간 상대적 우월성에 대한 논쟁이 꾸준히 있어 왔으며 이를 뒷받침하기 위한 연구도 다수 이루어졌다. 그 결과 최근에는 직접금융과 간접금융은 상호보완적이라는 인식이 높아지면서 두 금융시스템이 균형 있게 발전해야 한다는 쪽으로 의견이 모아지고 있다.

ⓑ 이러한 직접금융과 간접금융은 자금공급자와 자금수요자 간의 금융계약이 특정의 조직 내지 관계를 매개로 하는 것인지 아니면 시장을 매개로 하는 것인지에 따라 양상을 달리하는데 후자는 주로 주거래은행제도나 관계금융 등 은행 중심 금융시스템을 발전시키는 토양이 되며 전자는 자본시장이나 투자은행이 발달한 직접금융시스템을 배태한다고 말할 수 있다.

ⓒ 금융거래는 자금공급자로부터 자금수요자로 자금이 이동하는 형태에 따라 직접금융과 간접금융으로 구분된다. 직접금융은 자금수요자가 자기명의로 발행한 증권을 자금공급자에게 팔아 자금수요자로부터 자금을 직접 조달하는 거래이고, 간접금융은 은행과 같은 금융 중개 기관을 통하여 자금이 공급자에게서 수요자에게로 이동되는 거래이다. 직접금융의 대표적인 수단으로 주식·채권 등이 있으며 간접금융거래의 대표적인 수단으로 예금과 대출 등이 있다.

ⓓ 여기서 간접금융이나 주거래은행제도는 다음과 같은 특징을 지닌다. 첫째, 은행과 고객기업 간에는 장기적 거래관계가 있다. 둘째, 은행은 고객기업의 결제구좌의 보유나 회사채 수탁 업무 등을 통해 시장이나 다른 금융기관이 입수하기 힘든 기업의 내부정보를 얻어 동 기업이 일시적인 경영위기에 봉착했는가 아니면 근본적인 경영파산 상태에 빠져 있는가 등을 분별해낼 수 있다. 셋째, 은행은 위와 같은 기업 감시 활동을 통해 근본적인 경영파산 상태에 놓인 기업을 중도에 청산시키거나 계속기업으로서 가치가 있으나 일시적인 경영위기에 봉착한 기업을 구제할 수 있다. 그 외에도 은행은 다른 금융기관이나 예금자의 위임된 감시자로서 활동하여 정보의 효율성을 향상시킬 수도 있다.

① ⓑ-ⓐ-ⓒ-ⓓ

② ⓒ-ⓓ-ⓑ-ⓐ

③ ⓒ-ⓑ-ⓓ-ⓐ

④ ⓑ-ⓒ-ⓐ-ⓓ

15 다음은 대통령의 계엄선포와 관련된 법률 조항이다. 옳지 않은 것은?

제77조

① 대통령은 전시·사변 또는 이에 준하는 국가비상사태에 있어서 병력으로써 군사상의 필요에 응하거나 공공의 안녕질서를 유지할 필요가 있을 때에는 법률이 정하는 바에 의하여 계엄을 선포할 수 있다.

② 계엄은 비상계엄과 경비계엄으로 한다.

③ 비상계엄이 선포된 때에는 법률이 정하는 바에 의하여 영장제도, 언론·출판·집회·결사의 자유, 정부나 법원의 권한에 관하여 특별한 조치를 할 수 있다.

④ 계엄을 선포한 때에는 대통령은 지체 없이 국회에 통고하여야 한다.

⑤ 국회가 재적의원 과반수의 찬성으로 계엄의 해제를 요구한 때에는 대통령은 이를 해제하여야 한다.

---

① 전시·사변 또는 이에 준하는 국가비상사태에 있어서 병력으로써 군사상의 필요에 응하거나 공공의 안녕질서를 유지할 필요가 있을 때 대통령은 계엄을 선포할 수 있다.

② 국회 재적의원의 과반수가 계엄 해제 요구에 찬성한 때에는 대통령은 계엄을 해제해야 한다.

③ 계엄을 선포하고 지체 없이 국회에 통고해야 하는 것은 대통령의 의무다.

④ 법률이 정하는 바에 의한 영장제도, 언론·출판·집회·결사의 자유, 정부나 법원의 권한에 관한 특별한 조치 등은 경비계엄 선포 시 할 수 있다.

흔히 빛조차 빠져나올 수 없을 정도로 강한 중력을 가지고 있는 천체를 블랙홀이라 한다. 이러한 블랙홀은 우리은하에만 수천 개 존재하는데 이들은 모두 태양질량의 수~수십 배에 이른다. 하지만 우리은하 중심에는 추정 질량이 태양의 460만 배에 달하는 거대한 블랙홀이 존재하는데 이는 우리은하에 있는 다른 블랙홀들을 모두 합친 것보다 무거운 것이다. 이렇게 질량이 거대한 블랙홀을 거대질량 블랙홀이라 하는데 이것들은 대다수가 은하 중심에 자리 잡고 있다. 한 예로 우리은하의 이웃이라 할 수 있는 안드로메다은하의 중심에는 태양질량의 1억 배에 달하는 블랙홀이 자리 잡고 있으며 지구에서 3억 2000만 광년 떨어진 곳에 위치한 은하에는 태양질량의 무려 100억 배인 블랙홀이 존재한다는 사실이 최근 밝혀지기도 했다.

거대질량 블랙홀은 그 질량이 태양의 100만~100억 배나 되는 매우 무거운 블랙홀을 일컫는 말로 보통 은하 하나에는 별이 약 100억~1000억 개 정도 존재하니 태양보다 100억 배 무거운 거대질량 블랙홀의 질량은 작은 은하의 질량과 맞먹을 정도라고 할 수 있다. 은하의 안쪽에는 별들이 구형 또는 타원체 모양으로 분포해 있는 팽대부라고 하는 지역이 있는데 거대질량 블랙홀은 주로 이 팽대부의 중심에 위치해 있는 것이다.

거대질량 블랙홀의 존재는 1962년 미국 칼텍의 마르텐 슈미트와 그의 동료들이 퀘이사라고 불리는 특이천체를 발견하면서 세상에 알려지게 되었다. 별은 보통 태양처럼 중심부에서 일어나는 핵융합 반응을 에너지원으로 하면서 빛나는 천체이므로 전파 영역에서는 빛(전자기파)이 매우 미약하다는 것이 상식이다. 하지만 당시 그들이 발견한 천체는 전파 영역에서 많은 빛이 발생하는 천체란 이유에서 매우 특이한 존재였다. 마르텐 슈미트와 동료들은 이 별처럼 보이는 3C273이라고 하는 전파광원의 정체를 밝히기 위해 그 천체의 스펙트럼을 관측해 분석했는데 그 결과 3C273은 우리로부터 매우 빠른 속도로 멀어지고 있는 19억 광년이나 먼 곳에 있는 천체임이 밝혀졌다. 이를 계기로 별처럼 보이지만 별이 아닌 전파를 많이 내면서 아주 멀리 존재하는 특이천체에 퀘이사라는 이름을 붙였다.

그런데 퀘이사가 이렇게 멀리 있는데도 그 겉보기 밝기가 상당하다는 것은 퀘이사들의 실제 광도가 매우 밝다는 것을 의미하고 이를 토대로 지구에서 퀘이사까지 알려진 거리와 겉보기 밝기로부터 퀘이사의 밝기를 추정해보면 퀘이사가 보통 은하보다 수십 배 더 밝다는 사실을 짐작할 수 있다. 또한 이에 비해 퀘이사 광원의 크기는 엄청나게 작다는 사실도 알려졌다. 3C273의 크기는 광속으로 1개월 정도면 갈 수 있는 거리인 약 1광월로 우리은하의 반경이 약 5만 광년이라는 점을 고려할 때 1광월이라는 크기는 60만분의 1에 불과하다. 이렇게 작은 지역에서 매우 밝은 빛이 나올 수 있는 경우는 거대질량 블랙홀 주변에 다량의 가스가 떨어지면서 그 마찰력으로 인한 고온으로 빛을 내는 경우밖에 없다. 별들을 그렇게 좁은 공간에 밀집시킬 수 있다고 하더라도 너무 많은 물질들이 한곳에 몰리게 되면 블랙홀이 돼버리는 것이다. 따라서 퀘이사의 존재는 거대질량 블랙홀의 존재에 대한 꽤 그럴듯한 증거라고 할 수 있고 이러한 거대질량 블랙홀 주변으로 떨어지는 물질은 강착원반이라고 하는 원반모양을 이루면서 빛을 내며 이런 과정을 통해 거대질량 블랙홀은 덩치를 키워나간다.

16 다음 설명 중 옳지 않은 것은?

① 우리 은하 중심에는 태양질량의 약 460만 배에 달하는 거대한 블랙홀이 존재하는데 이렇게 질량이 거대한 블랙홀을 거대질량 블랙홀이라 한다.

② 작은 지역에서 매우 밝은 빛이 나올 수 있는 경우는 거대질량 블랙홀 주변에 다량의 가스가 떨어지면서 그 마찰력으로 인한 저온으로 빛을 내는 경우밖에 없다.

③ 은하의 안쪽, 별들이 구형 또는 타원체 모양으로 분포해 있는 팽대부라는 지역 중심에 주로 거대질량 블랙홀이 위치해 있다.

④ 1962년 미국 칼텍의 마르텐 슈미트와 그의 동료들이 퀘이사라고 불리는 특이천체를 발견하면서 거대질량 블랙홀의 존재가 세상에 알려지게 되었다.

17 다음 중 거대질량 블랙홀에 속하지 않는 것은?

① 태양질량의 500만 배에 달하는 블랙홀
② 태양질량의 50만 배에 달하는 블랙홀
③ 태양질량의 50억 배에 달하는 블랙홀
④ 태양질량의 5억 배에 달하는 블랙홀

18 위의 글을 통해 알 수 있는 사실로 옳지 않은 것은?

① 우리은하의 지름은 빛의 속도로 약 10만 년 가야하는 거리이다.
② 우주 공간 속에는 수많은 블랙홀이 존재할 것이다.
③ 현재 우주는 매우 빠른 속도로 계속 팽창하고 있다.
④ 블랙홀 주변으로 떨어진 물질들은 우주 어딘가에서 다시 나타난다.

19 다음 주어진 글의 밑줄 친 부분의 한자표기가 옳지 않은 것은?

> 헌법 제59조는 "조세의 종목과 세율은 법률로 정한다."라고 규정하여 조세 법률주의를 ① <u>선언(宣言)</u>하고 있다. A는 국회가 제정한 법률이 과세 요건을 명확히 규정하고 있다면 그 목적과 내용의 정당성 여부와 상관없이 조세 법률주의에 ② <u>위배(違背)</u>되지 않는다고 본다.
>
> 그러나 B에 따르면 경제 활동을 더 이상 불가능하게 할 정도로 과도하게 조세를 ③ <u>부과(付科)</u>하는 조세법은 ④ <u>허용(許容)</u>되지 않는다. B는 과세 근거가 되는 법률의 목적과 내용 또한 기본권 보장이라는 헌법 이념에 부합되어야 한다고 보기 때문이다.

20 내용 전개상 단락 배열이 가장 적절한 것은?

> ㉠ 앞서 조선은 태종 때 이미 군선이 속력이 느릴 뿐만 아니라 구조도 견실하지 못하다는 것이 거론되어 그 해결책으로 쾌선을 써보려 하였고 귀화왜인으로 하여금 일본식 배를 만들게 하여 시험해 보기도 하였다. 또한 귀선 같은 특수군선의 활용방안도 모색하였다.
>
> ㉡ 갑조선은 조선 초기 새로운 조선법에 따라 만든 배를 말하는데 1430년(세종 12) 무렵 당시 중국·유구·일본 등 주변 여러 나라의 배들은 모두 쇠못을 써서 시일을 두고 건조시켜 견고하고 경쾌하며 오랫동안 물에 떠 있어도 물이 새지 않았고 큰 바람을 만나도 손상됨이 없이 오래도록 쓸 수 있었지만 우리나라의 군선은 그렇지 못하였다.
>
> ㉢ 그리고 세종 때에는 거도선을 활용하게 하는 한편 「병선수호법」을 만드는 등 군선의 구조개선이 여러 방면으로 모색되다가 드디어 1434년에 중국식 갑조선을 채택하기에 이른 것이다. 이 채택에 앞서 조선을 관장하는 경강사수색에서는 갑조선 건조법에 따른 시험선을 건조하였다.
>
> ㉣ 하지만 이렇게 채택된 갑조선 건조법도 문종 때에는 그것이 우리나라 실정에 적합하지 않다는 점이 거론되어 우리나라의 전통적인 단조선으로 복귀하게 되었고 이로 인해 조선시대의 배는 평저선구조로 일관하여 첨저형선박은 발달하지 못하게 되었다.
>
> ㉤ 이에 중국식 조선법을 본떠 배를 시조해 본 결과 그것이 좋다는 것이 판명되어 1434년부터 한때 쇠못을 쓰고 외판을 이중으로 하는 중국식 조선법을 채택하기로 하였는데 이를 갑선·갑조선 또는 복조선이라 하고 재래의 전통적인 우리나라 조선법에 따라 만든 배를 단조선이라 했다.

① ㉠-㉡-㉢-㉣-㉤   ② ㉡-㉤-㉠-㉢-㉣

③ ㉠-㉣-㉢-㉡-㉤   ④ ㉡-㉢-㉠-㉤-㉣

21 다음은 SNS 회사에 함께 인턴으로 채용된 두 친구의 대화이다. 두 사람이 제출했을 토론 주제로 적합한 것은?

여 : 대리님께서 말씀하신 토론 주제는 정했어? 난 인터넷에서 '저무는 육필의 시대'라는 기사를 찾았는데 토론 주제로 괜찮을 것 같아서 그걸 정리해 가려고 하는데.

남 : 난 아직 마땅한 게 없어서 찾는 중이야. 그런데 육필이 뭐야?

여 : SNS 회사에 입사했다는 애가 그것도 모르는 거야? 컴퓨터로 글을 쓰는 게 디지털 글쓰기 라면 손으로 글을 쓰는 걸 육필이라고 하잖아.

남 : 아! 그런 거야? 그럼 우리는 디지털 글쓰기 세대겠네?

여 : 그런 셈이지. 요즘 다들 컴퓨터로 글을 쓰니까. 그나저나 너는 디지털 글쓰기의 장점이 뭐라고 생각해?

남 : 음, 우선 떠오르는 대로 빨리 쓸 수 있다는 점 아닐까? 또 쉽게 고칠 수도 있고. 그래서 누구나 쉽게 글을 쓸 수 있다는 점이 디지털 글쓰기의 최대 장점이라고 생각하는데.

여 : 맞아. 기존의 글쓰기가 소수의 전유물이었다면, 디지털 글쓰기 덕분에 누구나 쉽게 글을 쓰고 의사소통을 할 수 있게 되었다는 게 내가 본 기사의 핵심이었어. 한마디로 글쓰기의 민주화가 이루어진 거지.

남 : 글쓰기의 민주화…… 멋있어 보이기는 하는데, 디지털 글쓰기가 꼭 장점만 있는 것 같지는 않아. 누구나 쉽게 글을 쓸 수 있게 됐다는 건, 그만큼 글이 가벼워졌다는 거 아냐? 우리 주변에서도 그런 글들은 엄청나잖아.

여 : 하긴, 디지털 글쓰기 때문에 과거보다 진지하게 글을 쓰는 사람이 적어진 건 사실이야. 남의 글을 베끼거나 근거 없는 내용을 담은 글들도 많아지고.

남 : 우리 이 주제로 토론을 해 보는 게 어때?

---

① 세대 간 정보화 격차
② 디지털 글쓰기와 정보화
③ 디지털 글쓰기의 장단점
④ 디지털 글쓰기와 의사소통의 관계

22 IT분야에 근무하고 있는 K는 상사로부터 보고서를 검토해달라는 요청을 받고 보고서를 검토 중이다. 보고서의 교정 방향으로 적절하지 않은 것은?

> 국가경제 성장의 핵심 역할을 하는 IT산업은 정보통신서비스, 정보통신기기, 소프트웨어 부문으로 구분된다. 2010년 IT산업의 생산규모는 전년대비 15% 이상 증가한 385.4조원을 기록하였다. 한편, 소프트웨어 산업은 경기위축에 선행하고 경기회복에 후행하는 산업적 특성 때문에 전년대비 2% 이하의 성장에 머물렀다.
> 　2010년 정보통신서비스 생산규모는 IPTV 등 신규 정보통신서비스 확대로 전년대비 4.6% 증가한 63.4조원을 기록하였다. 2010년 융합서비스는 전년대비 생산규모 ㉠증가률이 정보통신서비스 중 가장 높았고, 정보통신서비스에서 차지하는 생산규모 비중도 가장 컸다. ㉡또한 R&D 투자액이 매년 증가하여 GDP 대비 R&D 투자액 비중이 증가하였다.
> 　IT산업 전체의 생산을 견인하고 있는 정보통신기기 생산규모는 통신기기를 제외한 다른 품목의 생산 호조에 따라 2010년 전년대비 25.6% 증가하였다. ㉢한편, 2006~2010년 동안 정보통신기기 생산규모에서 통신기기, 정보기기, 음향기기, 전자부품, 응용기기가 차지하는 비중의 순위는 매년 변화가 없었다. 2010년 전자부품 생산규모는 174.4조원으로 정보통신기기 전체 생산규모의 59.0%를 차지한다. 전자부품 중 반도체와 디스플레이 패널의 생산규모는 전년대비 각각 48.6%, 47.4% 증가하여 전자부품 생산을 ㉣유도하였다. 2005년~2010년 동안 정보통신기기 부문에서 전자부품과 응용기기 각각의 생산규모는 매년 증가하였다.

① ㉠은 맞춤법에 맞지 않는 표현으로 '증가율'로 수정해야 합니다.
② ㉡은 문맥에 맞지 않는 문장으로 삭제하는 것이 좋습니다.
③ ㉢은 앞 뒤 문장이 인과구조이므로 '따라서'로 수정해야 합니다.
④ ㉣ '유도'라는 어휘 대신 문맥상 적합한 '주도'라는 단어로 대체해야 합니다.

23 문화체육관광부 홍보팀에 근무하는 김문화씨는 '탈춤'에 관한 영상물을 제작하는 프로젝트를 맡게 되었다. 제작계획서 중 다음의 제작 회의 결과가 제대로 반영되지 않은 것은?

- 제목 : 탈춤 체험의 기록임이 나타나도록 표현
- 주 대상층 : 탈춤에 무관심한 젊은 세대
- 내용 : 실제 경험을 통해 탈춤을 알아가고 가까워지는 과정을 보여 주는 동시에 탈춤에 대한 정보를 함께 제공
- 구성 : 간단한 이야기 형식으로 구성
- 전달방식 : 정보들을 다양한 방식으로 전달

〈제작계획서〉

제목		'기획 특집 – 탈춤 속으로 떠나는 10일간의 여행'	①
제작 의도		젊은 세대에게 우리 고유의 문화유산인 탈춤에 대한 관심을 불러일으킨다.	②
전체 구성	중심 얼개	• 대학생이 우리 문화 체험을 위해 탈춤이 전승되는 마을을 찾아가는 상황을 설정한다. • 탈춤을 배우기 시작하여 마지막 날에 공연으로 마무리한다는 줄거리로 구성한다.	③
	보조 얼개	탈춤에 대한 정보를 별도로 구성하여 중간 중간에 삽입한다.	
전달 방식	해설	내레이션을 통해 탈춤에 대한 학술적 이견들을 깊이 있게 제시하여 탈춤에 조예가 깊은 시청자들의 흥미를 끌도록 한다.	④
	영상 편집	• 탈에 대한 정보를 시각 자료로 제시한다. • 탈춤의 종류, 지역별 탈춤의 특성 등에 대한 그래픽 자료를 보여 준다. • 탈춤 연습 과정과 공연 장면을 현장감 있게 보여 준다.	

24 다음에 제시된 글의 목적에 대해 바르게 나타낸 것은?

제목 : 사내 신문의 발행

1. 우리 회사 직원들의 원만한 커뮤니케이션과 대외 이미지를 재고하기 위하여 사내 신문을 발간하고자 합니다.

2. 사내 신문은 홍보지와 달리 새로운 정보와 소식지로서의 역할이 기대되오니 아래의 사항을 검토하시고 재가해주시기 바랍니다.

–아 래–

㉠ 제호 : We 서원인
㉡ 판형 : 140 × 210mm
㉢ 페이지 : 20쪽
㉣ 출간 예정일 : 2016. 1. 1

별첨 견적서 1부

---

① 회사에서 정부를 상대로 사업을 진행하려고 작성한 문서이다.
② 회사의 업무에 대한 협조를 구하기 위하여 작성한 문서이다.
③ 회사의 업무에 대한 현황이나 진행상황 등을 보고하고자 하는 문서이다.
④ 회사 상품의 특성을 소비자에게 설명하기 위하여 작성한 문서이다.

25 다음은 주문과 다른 물건을 배송 받은 Mr. Hopkins에게 보내는 사과문이다. 순서를 바르게 나열한 것은?

Dear Mr. Hopkins
ⓐ We will send you the correct items free of delivery charge.
ⓑ We are very sorry to hear that you received the wrong order.
ⓒ once again, please accept our apologies for the inconvenience, and we look forward to serving you again in the future.
ⓓ Thank you for your letter dated October 23 concerning your recent order.
ⓔ Apparently, this was caused by a processing error.

---

① ⓒ－ⓔ－ⓐ－ⓓ－ⓑ

② ⓓ－ⓑ－ⓔ－ⓐ－ⓒ

③ ⓑ－ⓒ－ⓐ－ⓔ－ⓓ

④ ⓔ－ⓐ－ⓑ－ⓓ－ⓒ

26 다음 일정표에 대해 잘못 이해한 것을 고르면?

Albert Denton : Tuesday, September 24

8:30 a.m.	Meeting with S.S. Kim in Metropolitan Hotel lobby Taxi to Extec Factory
9:30−11:30 a.m.	Factory Tour
12:00−12:45 p.m.	Lunch in factory cafeteria with quality control supervisors
1:00−2:00 p.m.	Meeting with factory manager
2:00 p.m.	Car to warehouse
2:30−4:00 p.m.	Warehouse tour
4:00 p.m.	Refreshments
5:00 p.m.	Taxi to hotel (approx. 45 min)
7:30 p.m.	Meeting with C.W. Park in lobby
8:00 p.m.	Dinner with senior managers

① They are having lunch at the factory.

② The warehouse tour takes 90 minutes.

③ The factory tour is in the afternoon.

④ Mr. Denton has some spare time before in the afternoon.

27 다음 글에서 형식이가 의사소통능력을 향상시키기 위해 노력한 것으로 옳지 않은 것은?

○○기업에 다니는 형식이는 평소 자기주장이 강하고 남의 말을 잘 듣지 않는다. 오늘도 그는 같은 팀 동료들과 새로운 프로젝트를 위한 회의에서 자신의 의견만을 고집하다가 결국 일부 팀 동료들이 자리를 박차고 나가 마무리를 짓지 못했다. 이로 인해 형식은 팀 내에서 은근히 따돌림을 당했고 자신의 행동에 잘못이 있음을 깨달았다. 그 후 그는 서점에서 다양한 의사소통과 관련된 책을 읽으면서 조금씩 자신의 단점을 고쳐나가기로 했다. 먼저 그는 자신이 너무 자기주장만을 내세운다고 생각하고 이를 절제하기 위해 꼭 하고 싶은 말만 간단명료하게 하기로 마음먹었다. 그리고 말을 할 때에도 상대방의 입장에서 먼저 생각하고 상대방을 배려하는 마음을 가지려고 노력하였다. 또한 남의 말을 잘 듣기 위해 중요한 내용은 메모하는 습관을 들이고 상대방이 말할 때 적절하게 반응을 보였다. 이렇게 6개월을 꾸준히 노력하자 등을 돌렸던 팀 동료들도 그의 노력에 감탄하며 다시 마음을 열기 시작했고 이후 그의 팀은 중요한 프로젝트를 성공적으로 해내 팀원 전원이 한 직급씩 승진을 하게 되었다.

① 메모하기   ② 배려하기
③ 시선공유   ④ 반응하기

28 다음은 출산율 저하와 인구정책에 관한 글을 쓰기 위해 정리한 글감과 생각이다. 〈보기〉와 같은 방식으로 내용을 전개하려고 할 때 바르게 연결된 것은?

> ㉠ 가임 여성 1인당 출산율이 1.3명으로 떨어졌다.
> ㉡ 여성의 사회 활동 참여율이 크게 증가하고 있다.
> ㉢ 현재 시행되고 있는 출산장려 정책은 큰 효과가 없다.
> ㉣ 새롭고 실제 가정에 도움이 되는 출산장려 정책이 추진되어야 한다.
> ㉤ 가치관의 변화로 자녀의 필요성을 느끼지 않는다.
> ㉥ 인구 감소로 인해 노동력 부족 현상이 심화된다.
> ㉦ 노동 인구의 수가 국가 산업 경쟁력을 좌우한다.
> ㉧ 인구 문제에 대한 정부 차원의 대책을 수립한다.

〈보기〉
문제 상황→상황의 원인→주장→주장의 근거→종합 의견

	문제 상황	상황의 원인	예상 문제점	주장	주장의 근거	종합 의견
①	㉠, ㉡	㉤	㉢	㉣	㉥, ㉦	㉧
②	㉠	㉡, ㉤	㉥, ㉦	㉣	㉢	㉧
③	㉡, ㉤	㉥	㉠	㉢, ㉣	㉧	㉦
④	㉢	㉠, ㉡, ㉤	㉦	㉧	㉥	㉣

패스트트랙

• Fast Track을 이용하려면 교통약자(보행장애인, 7세 미만 유소아, 80세 이상 고령자, 임산부, 동반여객 2인 포함)는 본인이 이용하는 항공사의 체크인카운터에서 이용대상자임을 확인 받고 'Fast Track Pass'를 받아 Fast Track 전용출국장인 출국장 1번, 6번 출국장입구에서 여권과 함께 제시하면 됩니다.

• 인천공항 동편 전용출국통로(Fast Track, 1번 출국장), 오전7시 ~ 오후7시까지 운영 중이며, 운영상의 미비점을 보완하여 정식운영(동·서편, 전 시간 개장)을 개시할 예정에 있습니다.

휠체어 및 유모차 대여

공항 내 모든 안내데스크에서 휠체어 및 유모차를 필요로 하는 분께 무료로 대여하여 드리고 있습니다.

장애인 전용 화장실

• 여객터미널 내 화장실마다 최소 1실의 장애인 전용화장실이 있습니다.

• 장애인분들의 이용 편의를 위하여 넓은 출입구와 내부공간, 버튼식자동문, 비상벨, 센서작동 물내림 시설을 설치하였으며 항상 깨끗하게 관리하여 편안한 공간이 될 수 있도록 하고 있습니다.

주차대행 서비스

• 공항에서 허가된 주차대행 서비스(유료)를 이용하시면 보다 편리하고 안전하게 차량을 주차하실 수 있습니다.

• 경차, 장애인, 국가유공자의 경우 할인된 금액으로 서비스를 이용하실 수 있습니다.

장애인 주차 요금 할인

주차장 출구의 유인부스를 이용하는 장애인 차량은 장애인증을 확인 후 일반주차요금의 50%를 할인하여 드리고 있습니다.

휠체어 리프트 서비스

• 장기주차장에서 여객터미널까지의 이동이 불편한 장애인, 노약자 등 교통약자의 이용 편의 증진을 위해 무료 이동 서비스를 제공하여 드리고 있습니다.

• 여객터미널↔장기주차장, 여객터미널↔화물터미널행의 모든 셔틀버스에 휠체어 탑승리프트를 설치, 편안하고 안전하게 모시고 있습니다.

29 다음 교통약자를 위한 서비스 중 무료로 이용할 수 있는 서비스만으로 묶인 것은?

① 주차대행 서비스, 장애인 전용 화장실 이용
② 장애인 차량 주차, 휠체어 및 유모차 대여
③ 휠체어 및 유모차 대여, 휠체어 리프트 서비스
④ 장애인 차량 주차, 휠체어 리프트 서비스

30 Fast Track 이용 가능한 교통약자가 아닌 사람은?

① 80세 고령자
② 임산부
③ 보행장애인
④ 8세 아동

31 다음의 실험 보고서를 보고 〈실험 결과〉와 양립 가능한 의견을 낸 직원을 모두 고르면?

> 쥐는 암수에 따라 행동양상을 다르게 나타낸다. 쥐가 태어날 때 쥐의 뇌는 무성화되어 있다. 그런데 출생 후 성체가 되기 전에 쥐의 뇌가 에스트로겐에 노출되면 뇌가 여성화되고 테스토스테론에 노출되면 뇌가 남성화된다. 만약 출생 후 성체가 될 때까지 쥐의 뇌가 에스트로겐이나 테스토스테론에 노출되지 않으면, 외부 생식기의 성 정체성과는 다르게 뇌는 무성화된 상태로 남아 있다.
>
> 행동 A와 행동 B는 뇌의 성 정체성에 의해 나타나며, 행동 A는 암컷 성체에서 에스트로겐에 의해 유발되는 행동이고, 행동 B는 수컷 성체에서 테스토스테론에 의해 유발되는 행동으로 알려져 있다. 생체 내에서 에스트로겐은 암컷 쥐의 난소에서만 만들어지고, 테스토스테론은 수컷 쥐의 정소에서만 만들어진다.
>
> 생리학자는 행동 A와 행동 B가 나타나는 조건을 알아보고자 실험을 하여 다음과 같은 실험 결과를 얻었다.
>
> 〈실험 결과〉
>
> CASE 1. 성체 암컷 쥐는 난소를 제거하더라도 에스트로겐을 투여하면 행동 A가 나타났지만, 테스토스테론을 투여하면 행동 B가 나타나지 않았다.
>
> CASE 2. 출생 직후 정소나 난소가 제거된 후 성체로 자란 쥐에게 에스트로겐을 투여하면 행동 A가 나타났지만, 테스토스테론을 투여하면 행동 B가 나타나지 않았다.
>
> CASE 3. 출생 직후 쥐의 정소를 제거한 후 테스토스테론을 투여하였다. 이 쥐가 성체로 자란 후, 에스트로겐을 투여하면 행동 A가 나타나지 않았지만 테스토스테론을 투여하면 행동 B가 나타났다.

> 직원 A : 무성화된 뇌를 가진 성체 쥐에서 행동 A는 유발할 수 있지만 행동 B는 유발할 수 없다.
>
> 직원 B : 뇌가 남성화된 경우 테스토스테론을 투여하면 행동 B가 나타난다.
>
> 직원 C : 뇌가 여성화된 경우라도 난소를 제거하면 행동 A를 유발할 수 없다.

① 직원 A
② 직원 C
③ 직원 A, B
④ 직원 B, C

32 다음 내용을 바탕으로 고객에게 이동단말기의 통화 채널 형성에 대해 설명한다고 할 때, 바르게 설명한 것을 고르면?

> '핸드오버'란 이동단말기가 이동함에 따라 기존 기지국에서 이탈하여 새로운 기지국으로 넘어갈 때 통화가 끊기지 않도록 통화 신호를 새로운 기지국으로 넘겨주는 것을 말한다. 이런 핸드오버는 이동단말기, 기지국, 이동전화교환국 사이의 유무선 연결을 바탕으로 실행된다. 이동단말기가 기지국에 가까워지면 그 둘 사이의 신호가 점점 강해지는데 반해, 이동단말기와 기지국이 멀어지면 그 둘 사이의 신호는 점점 약해진다. 이 신호의 세기가 특정값 이하로 떨어지게 되면 핸드오버가 명령되어 이동단말기와 새로운 기지국 간의 통화 채널이 형성된다. 이 과정에서 이동전화교환국과 기지국 간 연결에 문제가 발생하면 핸드오버가 실패하게 된다.
>
> 핸드오버는 이동단말기와 기지국 간 통화 채널 형성 순서에 따라 '형성 전 단절 방식'과 '단절 전 형성 방식'으로 구분될 수 있다. FDMA와 TDMA에서는 형성 전 단절 방식을, CDMA에서는 단절 전 형성 방식을 사용한다. 형성 전 단절 방식은 이동단말기와 새로운 기지국 간의 통화 채널이 형성되기 전에 기존 기지국과의 통화 채널을 단절하는 것을 말한다. 이와 반대로 단절 전 형성 방식은 이동단말기와 기존 기지국 간의 통화 채널이 단절되기 전에 새로운 기지국과의 통화 채널을 형성하는 방식이다. 이런 핸드오버 방식의 차이는 각 기지국이 사용하는 주파수 간 차이에서 비롯된다. 만약 각 기지국이 다른 주파수를 사용하고 있다면, 이동단말기는 기존 기지국과의 통화 채널을 미리 단절한 뒤 새로운 기지국에 맞는 주파수를 할당 받은 후 통화 채널을 형성해야 한다. 그러나 각 기지국이 같은 주파수를 사용하고 있다면, 그런 주파수 조정이 필요 없으며 새로운 통화 채널을 형성하고 나서 기존 통화 채널을 단절할 수 있다.

① 고객님, 단절 전 형성 방식의 각 기지국은 서로 다른 주파수를 사용합니다.
② 고객님, 형성 전 단절 방식은 단절 전 형성 방식보다 더 빨리 핸드오버를 명령할 수 있다는 장점이 있습니다.
③ 고객님, 이동단말기와 기존 기지국 간의 통화 채널이 단절되면 핸드오버가 성공한 것이라고 볼 수 있습니다.
④ 고객님, CDMA에서는 하나의 이동단말기가 두 기지국과 동시에 통화 채널을 형성할 수 있지만 FDMA에서는 그렇지 않습니다.

33 다음은 여름철 교육시설 절전 권장사항에 대한 내용이다. 다음 내용 중 잘못 쓰인 글자는 모두 몇 개인가?

〈절전 권장사항〉

㉠ 대기전력 자동차단 콘센트를 설치하여 대기전력 낭비를 막습니다.

㉡ 고효율 에너지 기자제 인증제품 또는 에너지소비효율 1등급 제품을 사용합니다.

㉢ 전기난방은 가급적 자제하고, 지역냉방 또는 가스냉방 등을 활용하여 냉방을 실시합니다.

㉣ 특별교실(음악실, 컴퓨터실 등)은 집중적으로 사용할 수 있도록 시간표를 조정합니다.

㉤ 건물 적정온도를 유지할 수 있도록 단열을 강화합니다.

㉥ 여름철 전력피크시간대에는 냉방기 순차 운후를 실시합니다.

㉦ 저효율 조명(백열등)은 LED 조명 등 고효율 조명으로 교체합니다.

㉧ 주간에는 창측 조명을 소등하고 자연 체광을 이용합니다.

① 3개   ② 4개

③ 5개   ④ 6개

34 다음은 은행을 사칭한 대출 주의 안내문이다. 이에 대한 설명으로 옳지 않은 것은?

항상 ○○은행을 이용해 주시는 고객님께 감사드립니다.

최근 ○○은행을 사칭하면서 대출 협조문이 Fax로 불특정 다수에게 발송되고 있어 각별한 주의가 요망됩니다. ○○은행은 절대로 Fax를 통해 대출 모집을 하지 않으니 아래의 Fax 발견 시 즉시 폐기하시기 바랍니다.

아래 내용을 검토하시어 자금문제로 고민하는 대표이하 직원 여러분들에게 저의 은행의 금융정보를 공유할 수 있도록 업무협조 부탁드립니다.

수신 : 직장인 및 사업자

발신 : ○○은행 여신부

여신상담전화번호 : 070-xxxx-xxxx

대상	직장인 및 개인/법인 사업자
금리	개인신용등급적용 (최저 4.8~)
연령	만 20세~만 60세
상환 방식	1년만기일시상환, 원리금균등분할상환
대출 한도	100만 원~1억 원
대출 기간	12개월~최장 60개월까지 설정가능
서류 안내	공통서류 - 신분증 직장인 - 재직, 소득서류 사업자 - 사업자 등록증, 소득서류

※ 기타사항
- 본 안내장의 내용은 법률 및 관련 규정 변경시 일부 변경될 수 있습니다.
- 용도에 맞지 않을 시, 연락 주시면 수신거부 처리 해드리겠습니다.

현재 ○○은행을 사칭하여 문자를 보내는 불법업체가 기승입니다. ○○은행에서는 본 안내장 외엔 문자를 발송치 않으니 이점 유의하시어 대처 바랍니다.

① Fax 수신문에 의하면 최대 대출한도는 1억 원까지이다.
② Fax로 수신되는 대출 협조문은 ○○은행에서 보낸 것이 아니다.
③ Fax로 수신되는 대출 협조문은 즉시 폐기하여야 한다.
④ ○○은행에서는 대출 협조문을 문자로 발송한다.

35 다음은 산업현장 안전규칙이다. 선임 J씨가 신입으로 들어온 K씨에게 전달할 사항으로 옳지 않은 것은?

산업현장 안전규칙

- 작업 전 안전점검, 작업 중 정리정돈은 사용하게 될 기계·기구 등에 대한 이상 유무 등 유해·위험요인을 사전에 확인하여 예방대책을 강구하는 것으로 현장 안전관리의 출발점이다.
- 작업장 안전통로 확보는 작업장 내 통행 시 위험기계·기구들로 부터 근로자를 보호하며 원활한 작업진행에도 기여 한다.
- 개인보호구(헬멧 등) 지급착용은 근로자의 생명이나 신체를 보호하고 재해의 정도를 경감시키는 등 재해예방을 위한 최후 수단이다.
- 전기활선 작업 중 절연용 방호기구 사용으로 불가피한 활선작업에서 오는 단락·지락에 의한 아크화상 및 충전부 접촉에 의한 전격재해와 감전사고가 감소한다.
- 기계·설비 정비 시 잠금장치 및 표지판 부착으로 정비 작업 중에 다른 작업자가 정비 중인 기계·설비를 기동함으로써 발생하는 재해를 예방한다.
- 유해·위험 화학물질 경고표지 부착으로 위험성을 사전에 인식시킴으로써 사용 취급시의 재해를 예방한다.
- 프레스, 전단기, 압력용기, 둥근톱에 방호장치 설치는 신체부위가 기계·기구의 위험부분에 들어가는 것을 방지하고 오작동에 의한 위험을 사전 차단 해준다.
- 고소작업 시 안전 난간, 개구부 덮개 설치로 추락재해를 예방 할 수 있다.
- 추락방지용 안전방망 설치는 추락·낙하에 의한 재해를 감소 할 수 있다(성능검정에 합격한 안전방망 사용).
- 용접 시 인화성·폭발성 물질을 격리하여 용접작업 시 발생하는 불꽃, 용접불똥 등에 의한 대형화재 또는 폭발위험성을 사전에 예방한다.

---

① 작업장 안전통로에 통로의 진입을 막는 물건이 있으면 안 됩니다.
② 전기활선 작업 중에는 단락·지락이 절대 생겨서는 안 됩니다.
③ 어떤 상황에서도 작업장에서는 개인보호구를 착용하십시오.
④ 프레스, 전단기 등의 기계는 꼭 방호장치가 설치되어 있는지 확인하고 사용하십시오.

36 다음의 빈칸에 들어갈 내용으로 가장 적절한 것은?

- 연구주제 : 중·고등학생의 게임 몰입이 주변 사람과의 대화에 미치는 영향
- 연구가설
  〈가설 1〉 게임을 적게 할수록 부모와의 대화는 많을 것이다.
  〈가설 2〉 _____ (가) _____
- 자료 수집
  - 조사방법 : 중·고등학생 1,000명을 무작위 선정하여 설문 조사
  - 조사내용 : 게임 시간 정도, 부모와의 대화 정도, 친구와 대화 정도
- 자료 분석 결과
  - 자료 분석 결과 아래 표와 같고, 부모와의 대화 정도 및 친구와의 대화 정도는 게임 시간 정도에 따라 통계적으로 유의미한 차이가 있는 것으로 나타났다.

대화정도	게임시간정도	많음	중간	적음
부모와 대화 많음	친구와 대화 많음	78	100	120
	친구와 대화 적음	52	70	80
부모와 대화 적음	친구와 대화 많음	172	100	60
	친구와 대화 적음	48	120	180

① 게임을 많이 할수록 친구와 게임에 관련한 내용의 대화를 나눌 것이다.
② 게임을 적게 할수록 부모와의 대화 빈도가 줄어들 것이다.
③ 게임을 적게 할수록 친구와의 대화는 많을 것이다.
④ 게임을 많이 할수록 일상 대화량이 많을 것이다.

1 다음은 X공기업의 팀별 성과급 지급 기준이다. Y팀의 성과평가 결과가 〈보기〉와 같다면 3/4 분기에 지급되는 성과급은?

- 성과급 지급은 성과평가 결과와 연계함
- 성과평가는 유용성, 안전성, 서비스 만족도의 총합으로 평가함. 단, 유용성, 안전성, 서비스 만족도의 가중치를 각각 0.4, 0.4, 0.2로 부여함
- 성과평가 결과를 활용한 성과급 지급 기준

성과평가 점수	성과평가 등급	분기별 성과급 지급액	비고
9.0 이상	A	100만 원	성과평가 등급이 A이면 직전 분기 차감액의 50%를 가산하여 지급
8.0 이상 9.0 미만	B	90만 원(10만 원 차감)	
7.0 이상 8.0 미만	C	80만 원(20만 원 차감)	
7.0 미만	D	40만 원(60만 원 차감)	

〈보기〉

구분	1/4 분기	2/4 분기	3/4 분기	4/4 분기
유용성	8	8	10	8
안전성	8	6	8	8
서비스 만족도	6	8	10	8

① 130만 원   ② 120만 원
③ 110만 원   ④ 100만 원

2 다음 표에서 B+C의 값을 구하면?

계급	도수	상대도수
10 ~ 20	10	0.1
20 ~ 30	25	A
30 ~ 40	B	0.3
40 ~ 50	C	D

① 50

② 55

③ 60

④ 65

▌3~4▌ 다음 자료는 Y지역에서 판매된 가정용 의료기기의 품목별 판매량에 관한 것이다. 다음을 보고 물음에 답하시오.

(단위 : 천개)

판매량 순위	품목	판매량	국내산	국외산
1	체온계	271	228	43
2	부항기	128	118	10
3	혈압계	100	(㉠)	(㉡)
4	혈당계	84	61	23
5	개인용 전기자극기	59	55	4
6위 이하		261	220	41
전체		(㉢)	(㉣)	144

3 위의 괄호에 알맞은 수치로 옳지 않은 것은?

① ㉠ - 77
② ㉡ - 23
③ ㉢ - 905
④ ㉣ - 759

4 위의 표에 대한 설명으로 옳지 않은 것은?

① 전체 가정용 의료기기 판매량 중 국내산 혈당계가 차지하는 비중은 6% 미만이다.
② 국내산 가정용 의료기기 판매량 중 체온계가 차지하는 비중은 30% 이상이다.
③ 부항기는 국내산 판매량이 국외산의 11배 이상이다.
④ 전체 가정용 의료기기 판매량 중 1~5위까지의 판매량이 전체의 70% 이상을 차지한다.

5 다음 표는 A카페의 커피 판매정보에 대한 자료이다. 한 잔만을 더 판매하고 영업을 종료한다고 할 때, 총이익이 정확히 64,000원이 되기 위해서 판매해야 하는 메뉴는?

〈표〉 A카페의 커피 판매정보

(단위 : 원, 잔)

구분 메뉴	한 잔 판매가격	현재까지의 판매량	한 잔당 재료(재료비)				
			원두 (200)	우유 (300)	바닐라시럽 (100)	초코시럽 (150)	카라멜시럽 (250)
아메리카노	3,000	5	○	×	×	×	×
카페라떼	3,500	3	○	○	×	×	×
바닐라라떼	4,000	3	○	○	○	×	×
카페모카	4,000	2	○	○	×	○	×
카라멜마끼아또	4,300	6	○	○	○	×	○

* 1) 메뉴별 이익＝(메뉴별 판매가격－메뉴별 재료비)×메뉴별 판매량
  2) 총이익은 메뉴별 이익의 합이며, 다른 비용은 고려하지 않음.
  3) A카페는 5가지 메뉴만을 판매하며, 메뉴별 한 잔 판매가격과 재료비는 변동 없음.
  4) ○ : 해당 재료 한 번 사용
    × : 해당 재료 사용하지 않음

① 아메리카노   ② 카페라떼
③ 바닐라라떼   ④ 카페모카

6 다음은 방문고객을 대상으로 한 고객만족도 조사표이다. 표를 토대로 지효씨는 팀장에게 간단한 보고문을 작성하여 함께 메일로 보냈다. 보고문 중 잘못된 것은?

〈표〉 고객만족도 조사표

점수	응답자수	비율
아주 만족	9	A
대체로 만족	11	13.75
조금 만족	21	26.25
조금 불만족	B	23.75
대체로 불만족	13	C
아주 불만족	7	8.75
합계	D	100

오늘 매장으로 ㉠방문한 고객 80명을 대상으로 서비스 만족도 조사를 하였습니다. ㉡'아주 만족'이라 응답하신 고객은 15%도 되지 않고, ㉢불만족이라 응답한 고객이 절반 이상을 차지하고 있으므로 매장 직원들의 서비스 교육을 강화해야할 것 같습니다. 이후 조사에는 ㉣불만족이라 체크한 고객들을 대상으로 더 자세하게 어느 부분에 대해 시정해야할지를 물어보는 것도 서비스 개선에 좋은 영향을 끼칠 수 있을 것 같습니다.

① ㉠

② ㉡

③ ㉢

④ ㉣

7 다음은 인천공항의 2018년 6월 항공사별 항공통계이다. 자료를 잘못 분석한 것은?

(단위 : 편, 명, 톤)

항공사	운항		여객		화물	
	도착	출발	도착	출발	도착	출발
대한항공	3,912	3,908	743,083	725,524	51,923	50,722
델타항공	90	90	24,220	23,594	159	694
아시아나항공	2,687	2,676	514,468	504,773	29,220	26,159
에어프랑스	43	43	14,069	14,445	727	751
에어서울	406	406	67,037	67,949	36	53
에어캐나다	60	60	16,885	17,176	630	601
이스타항공	515	514	82,409	84,567	139	53
제주항공	1,305	1,301	224,040	223,959	444	336
진에어	894	893	175,967	177,879	498	422
티웨이항공	672	673	109,497	110,150	106	134
합계	10,584	10,564	1,971,675	1,950,016	83,882	79,925

① 2018년 6월 인천공항에 도착한 대한항공 항공기 수는 같은 기간 인천공항에 도착한 아시아나항공 항공기 수와 제주항공 항공기 수의 합보다 적다.

② 2018년 6월 이스타항공을 이용하여 인천공항에 도착한 여객 수는 같은 기간 인천공항에 도착한 전체 여객 수의 5% 이상이다.

③ 에어프랑스, 에어서울, 에어캐나다를 이용하여 2018년 6월 인천공항에서 출발한 화물의 양은 1,400톤 이상이다.

④ 2018년 6월 제주항공을 이용하여 인천공항에서 출발한 여객 수는 같은 기간 티웨이항공을 이용하여 인천공항에서 출발한 여객 수의 2배 이상이다.

8 다음 표는 지역별 할랄식품 시장에 대한 자료이다. 이에 대한 설명으로 옳지 않은 것은?

지역		2012년		2013년	
		시장 규모 (백만 달러)	비중(%)	시장 규모 (백만 달러)	비중(%)
아시아	서아시아	85,000	7.8	93,000	7.2
	동아시아	229,000	21.0	226,000	17.5
	남아시아	177,000	16.3	212,000	16.4
	중앙아시아	137,000	12.6	204,000	15.8
아프리카	북아프리카	237,000	21.8	319,000	24.7
	사하라 이남 아프리카	120,000	11.0	114,000	8.8
유럽	서유럽	45,000	4.1	54,000	4.2
	동유럽	40,000	3.7	49,000	3.8
아메리카	북아메리카	15,000	1.4	16,000	1.2
	남아메리카	2,000	0.2	3,000	0.2
오세아니아		2,000	0.2	2,000	0.2
전체		( )	100.0	( )	100.0

※ 제시된 지역 외에는 고려하지 않음

※ 비중(%)은 소수 둘째 자리에서 반올림한 값임

① 서아시아의 2013년 할랄식품 시장 규모는 전년에 비해 증가하였지만 비중은 감소하였다.
② 2012년 아시아의 할랄식품 시장규모는 전체에서 50% 이상을 차지한다.
③ 2013년 전체 할랄식품 시장 규모는 전년 대비 15% 이상 증가하였다.
④ 2013년 할랄식품 시장 규모가 전년에 비해 증가한 지역은 7곳이다.

9 전월세전환율을 다음 〈보기〉와 같이 구한다고 할 때, A~D 지역 중에서 전월세전환율이 가장 높은 아파트는?

〈보기〉
- 전월세전환율은 보증금을 월세로 전환할 시 적용되는 비율로 임대인은 요구수익률, 임차인은 전월세 선택 및 월세 계약시 기회비용을 계산하는 지표로 활용한다.
- 전월세전환율은 [{월세/(전세금－월세보증금)}×100]으로 산정된 월세이율을 연이율로 환산(월세이율×12)하여 산정하고, 단위는 %이다.

〈표〉 아파트의 전세 및 월세 현황

(단위 : 천 원)

아파트	전세금	월세보증금	월세
A	85,000	10,000	360
B	85,000	5,000	420
C	130,000	10,000	750
D	125,000	60,000	350

① A
② B
③ C
④ D

(단위 : 십억원)

자치 단체명	기준재정 수입액	기준재정 수요액
A	4,520	3,875
B	1,342	1,323
C	892	898
D	500	520
E	2,815	1,620
F	234	445
G	342	584
H	185	330
I	400	580
J	82	164

* 재정력지수＝기준재정 수입액÷기준재정 수요액

10 다음 설명 중 옳지 않은 것은?

① 자치단체 F의 재정력지수는 자치단체 I보다 작다.

② 자치단체 G의 재정력지수는 자치단체 H보다 크다.

③ 자치단체 A, B, C, D의 재정력지수는 모두 1보다 크다.

④ 자치단체 J의 재정력지수는 0.5이다.

11 다음 중 재정력지수가 가장 높은 지방자치단체는?

① A
② B
③ C
④ D

12 다음은 한국전력공사의 연도별 판매전력량에 대한 자료이다. 이에 대한 설명으로 옳지 않은 것을 고르면?

(단위 : Gwh)

구분	2013	2014	2015	2016	2017	2018
가정용	63,970	62,675	63,794	66,173	66,517	70,687
공공용	21,982	21,669	22,179	22,908	23,605	24,569
서비스업	132,055	128,630	132,049	137,982	140,952	147,189
농림어업	13,062	13,556	14,645	15,397	15,981	17,126
광업	1,478	1,571	1,631	1,755	1,746	1,478
제조업	242,301	249,490	249,357	252,824	258,945	265,100
합계	474,849	477,592	483,655	497,039	507,746	526,149

※ 단, 계산 값은 소수점 둘째 자리에서 반올림한다.

① 농림어업용 판매전력량은 매년 꾸준히 증가하였다.
② 2018년 가정용 판매전력량의 전년 대비 증가율은 동년(同年) 농림어업용 판매전력량의 전년 대비 증가율보다 낮다.
③ 연도별 총 판매전력량에서 제조업용 판매전력량이 차지하는 비율은 2018년에 가장 낮다.
④ 가정용 판매전력량의 증감 추이는 광업용 판매전력량의 증감 추이와 매 시기 동일하다.

13 다음은 K전자의 연도별 매출 자료이다. 2017년 1분기의 판관비가 2억 원이며, 매 시기 1천만 원씩 증가하였다고 가정할 때, K전자의 매출 실적에 대한 올바른 설명은 어느 것인가?

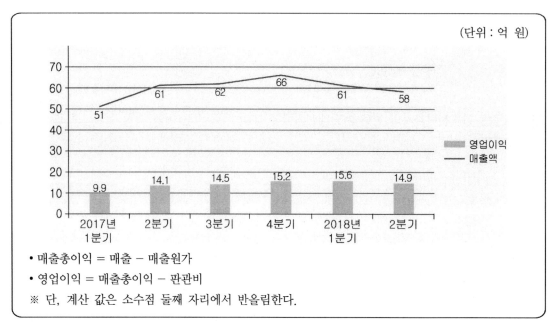

(단위 : 억 원)

- 매출총이익 = 매출 − 매출원가
- 영업이익 = 매출총이익 − 판관비
※ 단, 계산 값은 소수점 둘째 자리에서 반올림한다.

① 매출원가가 가장 큰 시기의 매출총이익도 가장 크다.

② 매출액 대비 영업이익을 나타내는 영업이익률은 2018년 1분기가 가장 크다.

③ 매출총이익에서 판관비가 차지하는 비중은 2017년 1분기가 가장 크다.

④ 매출원가와 매출총이익의 증감 추이는 영업이익의 증감 추이와 매 시기 동일하다.

14 다음 〈표〉는 UN 전자정부발전지수의 주요국 순위에 대한 자료이다. 이에 대한 설명 중 옳지 않은 것은?

국가	2010년	2008년	2005년	2004년	2003년	2001년
한국	1	6	5	5	13	15
미국	2	4	1	1	1	1
캐나다	3	7	8	7	6	6
영국	4	10	4	3	5	7
네덜란드	5	5	12	11	11	8
노르웨이	6	3	10	10	7	5
덴마크	7	2	2	2	4	9
호주	8	8	6	6	3	2
스페인	9	20	39	34	29	16
프랑스	10	9	23	24	19	14
싱가포르	11	23	7	8	12	4
스웨덴	12	1	3	4	2	11
독일	15	22	11	12	9	10
핀란드	19	15	9	9	10	13

① 한국은 2010년 1위로 2001년에 비하여 14순위 상승하였다.

② 미국은 2001년부터 4년 연속 1위를 차지했다.

③ 2008년에 비해 2010년에 가장 많이 순위가 상승한 국가는 싱가포르이다.

④ 미국, 캐나다, 덴마크, 호주는 6차례 평가에서 모두 10위 이내로 평가되었다.

15 S기관은 업무처리시 오류 발생을 줄이기 위해 2017년부터 오류 점수를 계산하여 인사고과에 반영한다고 한다. 이를 위해 매월 직원별로 오류 건수를 조사하여 오류 점수를 다음과 같이 계산한다고 할 때, 가장 높은 오류 점수를 받은 사람은 누구인가?

〈오류 점수 계산 방식〉

• 일반 오류는 1건당 10점, 중대 오류는 1건당 20점씩 오류 점수를 부과하여 이를 합산한다.
• 전월 우수사원으로 선정된 경우, 합산한 오류 점수에서 80점을 차감하여 월별 최종 오류 점수를 계산한다.

〈S기관 벌점 산정 기초자료〉

직원	오류 건수(건)		전월 우수사원 선정 여부
	일반 오류	중대 오류	
A	5	20	미선정
B	10	20	미선정
C	15	15	선정
D	20	10	미선정

① A

② B

③ C

④ D

| 16~17 | 다음은 어느 회사의 직종별 직원 비율을 나타낸 것이다. 물음에 답하시오.

(단위 : %)

직종 \ 연도	2006년	2007년	2008년	2009년	2010년
판매 · 마케팅	19.0	27.0	25.0	30.0	20.0
고객서비스	20.0	16.0	12.5	21.5	25.0
생산	40.5	38.0	30.0	25.0	22.0
재무	7.5	8.0	5.0	6.0	8.0
기타	13.0	11.0	27.5	17.5	25.0
계	100	100	100	100	100

16 2010년에 직원 수가 1,800명이었다면 재무부서의 직원은 몇 명인가?

① 119명 ② 123명

③ 144명 ④ 150명

17 위의 표를 분석한 내용으로 옳은 것은?

① 5년 동안 지속적으로 생산부서의 직원 비율이 가장 컸다.

② 기타 부서의 직원 비율은 계속 감소하였다.

③ 2006년도 생산부서의 직원이 차지하는 비율은 고객서비스 직원이 차지하는 비율보다 두 배 이상 많다.

④ 5년 동안 지속적으로 기타 부서의 직원 비율이 가장 적었다.

┃18～20┃ 다음 〈표〉는 2014년 시간대별 자전거 교통사고 현황에 관한 자료이다. 다음 〈표〉를 보고 물음에 답하시오.

(단위 : 건, %, 명)

시간대 구분	발생건수	구성비	사망자 수	구성비	부상자 수	구성비
00시~02시	1,290	2.1	21	1.4	1,345	2.1
02시~04시	604	1.0	20	1.4	624	1.0
04시~06시	1,415	2.3	91	6.1	1,394	2.2
06시~08시	4,872	7.8	134	9.1	4,866	7.7
08시~10시	7,450	12.0	176	11.9	7,483	11.8
10시~12시	5,626	9.1	161	10.9	5,706	(ⓒ)
12시~14시	5,727	9.2	151	10.2	5,803	9.2
14시~16시	7,406	11.9	170	11.5	7,527	11.9
16시~18시	9,220	14.8	174	11.8	9,488	15.0
18시~20시	9,026	14.5	203	13.7	9,240	14.6
20시~22시	5,956	9.6	120	8.1	6,157	9.7
22시~24시	3,544	(㉠)	59	4.0	3,681	5.8
총계	62,136	100.0	1,480	100.0	63,314	100.0

* 치사율 $= \dfrac{\text{사망자 수}}{\text{발생건수}}$

18 위 표에 대한 설명으로 옳지 않은 것은?

① 자전거 교통사고 발생이 가장 많은 시간대는 16시~18시이다.

② 자전거 교통사고 발생이 가장 적은 시간대가 부상자 수도 가장 적다.

③ 02시~04시의 치사율은 00시~02시의 치사율보다 크다.

④ 부상자 수가 가장 많은 시간대는 16시~18시, 18시~20시, 20시~22시 순이다.

19 위 표에서 ㉠과 ㉡에 알맞은 수치는?

	㉠	㉡
①	5.0	9.0
②	5.0	9.7
③	5.7	9.0
④	5.7	9.7

20 위의 표에서 12~14시의 치사율은 얼마인가?

① 0.020   ② 0.026

③ 0.030   ④ 0.036

21 ○○전기 A지역본부의 작년 한 해 동안의 송전과 배전 설비 수리 건수는 총 238건이다. 설비를 개선하여 올해의 송전과 배전 설비 수리 건수가 작년보다 각각 40%, 10%씩 감소하였다. 올해 수리 건수의 비가 5 : 3일 경우, 올해의 송전 설비 수리 건수는 몇 건인가?

① 102건   ② 100건

③ 98건   ④ 95건

22 현재 58세인 홍만씨에게는 7세, 4세의 손자가 있다. 홍만씨의 나이가 두 손자 나이를 더한 것의 2배가 되었을 때 홍만씨는 몇 세이겠는가?

① 60세

② 65세

③ 70세

④ 75세

23 갑, 을, 병은 각각 640원, 760원, 1,100원의 저금을 가지고 있다. 매주 갑이 240원, 을이 300원, 병이 220원씩 더 저축한다고 하면, 갑, 을의 저축액의 합이 병의 저축액의 2배가 되는 것은 몇 주 후인가?

① 6주

② 7주

③ 8주

④ 9주

24 일정한 속력으로 달리는 어떤 열차가 길이가 200m인 터널을 완전히 빠져 나오는 데 60초가 걸리고 같은 속력으로 470m인 다리를 완전히 건너는 데 120초가 걸린다고 한다. 이 열차의 길이와 속력을 구하면?

	기차 길이	속력
①	60m	4m/s
②	60m	4.5m/s
③	70m	4.5m/s
④	70m	4m/s

25 물탱크에 물을 채우는데 A호스를 사용하면 8시간이 걸리고, B호스를 사용하면 12시간이 걸린다고 한다. 처음부터 일을 마치기 전 3시간까지는 A호스와 B호스를 동시에 사용하고, 나머지 3시간은 A호스만 사용하여 물을 다 채웠다. 물을 다 채우는데 걸린 시간은?

① 5시간   ② 6시간

③ 7시간   ④ 8시간

26 8%의 소금물 200g에서 일정량의 소금물을 떠내고 떠낸 만큼의 물을 부은 다음 다시 2%의 소금물 120g을 넣었더니 3%의 소금물 320g이 되었다. 이 때 x의 값은?

① 90   ② 100

③ 110   ④ 120

27 길이가 600m인 트랙의 출발선에서 철수와 미미가 각자 반대방향으로 동시에 출발했다. 철수의 속력이 10km/h이고 미미의 속력은 5km/h일 때, 두 사람이 두 번째로 지나칠 때까지 걸리는 시간은?

① 7분 12초   ② 6분 5초

③ 4분 48초   ④ 4분 12초

28 서로 다른 5명의 사람이 원탁에 둘러앉을 때, 서로 다르게 앉는 방법은?

① 21가지   ② 22가지

③ 23가지   ④ 24가지

29 150개의 블록을 각각 일정한 간격으로 세워서 도미노를 만들었다. 블록의 종류는 빨간색과 파란색이 있고, 블록이 넘어질 때 걸리는 시간은 빨간색 블록은 1초에 2개씩, 파란색 블록은 1초에 3개씩 서로 다르다. 제일 앞의 블록부터 시작하여 모든 블록이 연이어 넘어질 때, 150개의 블록이 모두 넘어질 때까지 총 1분이 걸린다고 한다. 빨간색 블록과 파란색 블록은 각각 몇 개인가?

① 빨간색 80개, 파란색 70개

② 빨간색 70개, 파란색 80개

③ 빨간색 65개, 파란색 85개

④ 빨간색 60개, 파란색 90개

30 어느 회사에서는 제품의 원가에 30%의 이익을 붙여 정가를 매긴 후 이것을 600원 할인하여 팔면 15%의 이익을 얻고 있다. 500개 팔았을 때의 이익금은 얼마인가?

① 10만원   ② 20만원

③ 30만원   ④ 40만원

|31~34| 다음은 어느 회사 사원들의 근무성적 점수이다. 물음에 답하시오.

> 13, 14, 11, 6, 7, 9, 10

31 자료의 중앙값은 얼마인가?

① 7　　　　　　　　　　　　　　　② 9

③ 10　　　　　　　　　　　　　　　④ 11

32 자료의 평균은 얼마인가?

① 7　　　　　　　　　　　　　　　② 9

③ 10　　　　　　　　　　　　　　　④ 11

33 자료의 최솟값과 최댓값은 각각 얼마인가?

	최솟값	최댓값
①	6	13
②	6	14
③	7	11
④	7	13

34 자료의 분산은 얼마인가? (단, 소수점 셋째 자리에서 반올림한다)

① 7.43　　　　　　　　　　　　　　② 8.43

③ 9.43　　　　　　　　　　　　　　④ 10.43

┃35~37┃ 다음 숫자들의 배열 규칙을 찾아 괄호 안에 들어갈 알맞은 숫자를 고르시오.

35

$$10 \quad 10 \quad 20 \quad \frac{20}{3} \quad \frac{80}{3} \quad (\quad) \quad 32$$

① $\dfrac{8}{3}$　　　　　　　　　② $\dfrac{11}{3}$

③ $\dfrac{14}{3}$　　　　　　　　　④ $\dfrac{16}{3}$

36

$$10 \quad 13 \quad 22 \quad 49 \quad 130 \quad (\quad) \quad 1102$$

① 364　　　　　　　　　② 367

③ 370　　　　　　　　　④ 373

37

$$1 \quad 1 \quad 4 \quad 10 \quad 28 \quad (\quad) \quad 208$$

① 76　　　　　　　　　② 80

③ 84　　　　　　　　　④ 88

38~40 다음 색칠된 곳의 숫자에서부터 반시계 방향으로 진행하면서 숫자들의 관계를 고려하여 ? 표시된 곳에 들어갈 알맞은 숫자를 고르시오.

38

6	?	27
7		21
9	12	16

① 34　　　　　　　　　　　　② 35
③ 36　　　　　　　　　　　　④ 37

39

26	24	48
?		46
15	7.5	9.5

① 10　　　　　　　　　　　　② 11
③ 12　　　　　　　　　　　　④ 13

40

7	5	3
11		2
13	17	?

① 19　　　　　　　　　　　　② 23
③ 29　　　　　　　　　　　　④ 31

정답 및 해설 p.240

1 핸드폰을 제조하고 있는 P기업에서는 기존에 있던 핸드폰 갑, 을 외에 이번에 새로이 핸드폰 병을 만들었다. 핸드폰 각각의 가격이나 기능, 모양은 아래에 있는 표와 같으며 H기업에서는 이번에 만든 병을 이용해 기존에 만들었던 갑을 팔려고 한다. 이 때 필요한 핸드폰 병의 기준으로 알맞은 조건을 고르시오.

〈핸드폰 갑·을·병의 비교〉

	갑	을	병
가격	A	B	C
기능	D	E	F
디자인	G	H	I
서비스 기간	J	K	L
사은품	M	N	O

〈조건〉

• 가격 : A가 B보다 값이 싸다.
• 기능 : D와 E의 기능은 같다.
• 디자인 : G는 H보다 모양이 좋다.
• 서비스 기간 : J는 K와 같다.

① C는 A보다 값이 싸야 한다.
② F는 E보다 기능이 좋아야 한다.
③ I는 G보다 디자인이 나빠야 한다.
④ L은 K보다 서비스 기간이 길어야 한다.

2 G회사에 근무하는 박과장과 김과장은 점심시간을 이용해 과녁 맞추기를 하였다. 다음 〈조건〉에 근거하여 〈점수표〉의 빈칸을 채울 때 박과장과 김과장의 최종점수가 될 수 있는 것은?

〈조건〉
- 과녁에는 0점, 3점, 5점이 그려져 있다.
- 박과장과 김과장은 각각 10개의 화살을 쏘았고, 0점을 맞힌 화살의 개수만 〈점수표〉에 기록이 되어 있다.
- 최종 점수는 각 화살이 맞힌 점수의 합으로 한다.
- 박과장과 김과장이 쏜 화살 중에는 과녁 밖으로 날아간 화살은 없다.
- 박과장과 김과장이 5점을 맞힌 화살의 개수는 동일하다.

〈점수표〉

점수	박과장의 화살 수	김과장의 화살 수
0점	3	2
3점		
5점		

	박과장의 최종점수	김과장의 최종점수
①	25	29
②	26	29
③	27	30
④	28	30

3 원서기업의 자재관리팀에서 근무 중인 직원 진수는 회사 행사 때 사용할 배너를 제작하는 업무를 맡아 이를 진행하려고 한다. 배너와 관련된 정보가 아래와 같을 때 배너를 설치하는데 필요한 총 비용은 얼마인가?

• 다음은 행사 장소를 나타낸 지도이다.

• 행사 장소 : 본 건물 2관
• 배너 설치비용(배너 제작비+배너 거치대)
 −배너 제작비용 : 일반배너 한 장당 25,000원, 고급배너 한 장당 30,000원
 −배너 거치대 : 건물 내부용 20,000원, 건물 외부용 25,000원

㉠ 배너를 설치하는 장소 : 동문·서문·남문 앞에 각 1장, 2관 내부에 2장
㉡ 사장님 특별 지시사항 : 실외용은 모두 고급 배너를 사용할 것

① 250,000원   ② 255,000원
③ 260,000원   ④ 265,000원

4 다음 〈쓰레기 분리배출 규정〉을 준수한 것은?

> • 배출 시간 : 수거 전날 저녁 7시~수거 당일 새벽 3시까지(월요일~토요일에만 수거함)
> • 배출 장소 : 내 집 앞, 내 점포 앞
> • 쓰레기별 분리배출 방법
>   – 일반 쓰레기 : 쓰레기 종량제 봉투에 담아 배출
>   – 음식물 쓰레기 : 단독주택의 경우 수분 제거 후 음식물 쓰레기 종량제 봉투에 담아서, 공동
>   주택의 경우 음식물 전용용기에 담아서 배출
>   – 재활용 쓰레기 : 종류별로 분리하여 투명 비닐봉투에 담아 묶어서 배출
>   ① 1종(병류)
>   ② 2종(캔, 플라스틱, 페트병 등)
>   ③ 3종(폐비닐류, 과자 봉지, 1회용 봉투 등)
>   ※ 1종과 2종의 경우 뚜껑을 제거하고 내용물을 비운 후 배출
>   ※ 종이류 / 박스 / 스티로폼은 각각 별도로 묶어서 배출
>   – 폐가전 · 폐가구 : 폐기물 스티커를 부착하여 배출
> • 종량제 봉투 및 폐기물 스티커 구입: 봉투판매소

① 甲은 토요일 저녁 8시에 일반 쓰레기를 쓰레기 종량제 봉투에 담아 자신의 집 앞에 배출하였다.

② 공동주택에 사는 乙은 먹다 남은 찌개를 그대로 음식물 쓰레기 종량제 봉투에 담아 주택 앞에 배출하였다.

③ 丙은 투명 비닐봉투에 캔과 스티로폼을 함께 담아 자신의 집 앞에 배출하였다.

④ 戊는 집에서 쓰던 냉장고를 버리기 위해 폐기물 스티커를 구입 후 부착하여 월요일 저녁 9시에 자신의 집 앞에 배출하였다.

당신은 사내교육을 마치고 배치를 받은 신입사원으로 외근을 하며 들러야 할 지점은 다음과 같다. 금일 내로 아래 목록의 업체에 모두 방문해야 하는데 교통수단으로는 지하철을 타고 이동하고, 지하철로 한 정거장을 이동할 때는 3분이 소요된다. 환승할 경우 환승하는 시간은 10분이다. 또한 한 정거장을 이동할 때마다 요금은 1000원이 소요되고 환승할 경우 추가 요금은 없다.

• 방문할 업체
 a. 인쇄소
   주소 : 서울 구로구 경인로 67길
   연락처 : 02-1054-xxxx
 b. 마트
   주소 : 서울 동작구 양녕로 257
   연락처 : 02-421-xxxx
 c. 출판사
   주소 : 경기도 부천시 원미구 부천로 25
   연락처 : 070-4171-xxxx
 d. 증권사
   주소 : 경기도 부천시 원미구 춘의동
   연락처 : 1599-6220
 e. 연구소
   주소 : 인천광역시 부평구 부일로 87
   연락처 : 070-7645-xxxx
 f. 본사
   주소 : 서울 용산구 한강로3가
   연락처 : 02-736-xxxx

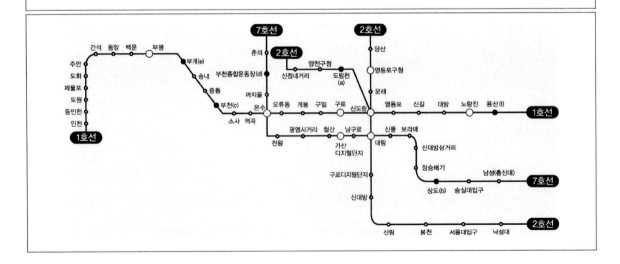

5 당신은 당산에서 9시 30분에 출발하여 먼저 f 본사에 들러 서류를 받은 후 e 연구소에 전달해야 한다. 매 이동의 소요시간을 고려할 때 가장 효율적으로 이동할 수 있는 순서를 고르시오. (단, 전체 소요시간은 고려하지 않는다)

① f-e-b-c-a-d   ② f-e-c-d-a-b

③ f-e-a-b-d-c   ④ f-e-d-c-b-a

6 개봉역에서부터 구일역까지 사고로 인하여 1호선으로 해당구간 이동이 불가능한 상황이다. 그런 데 b 마트에 방문하여 인쇄할 원본을 받아서 a 인쇄소로 이동하였다가, 인쇄물을 보고 c 출판사 에서 수정방향을 검토하기로 했다. b에서 출발하여 c에서 퇴근한다면, 이 구간을 이동할 때 몇 분이 소요되겠는가?

① 101분   ② 102분

③ 103분   ④ 104분

7 사고가 발생했던 1호선이 복구되었다. 당신이 b 마트에서 출발하여 a 인쇄소를 거쳐 c 출판사에 서 퇴근할 때 가장 저렴한 지하철 비용은 얼마인가?

① 12,000원   ② 14,000원

③ 16,000원   ④ 18,000원

8 작업 A부터 작업 E까지 모두 완료해야 끝나는 업무에 대한 조건이 다음과 같을 때 옳지 않은 것은? (단, 모든 작업은 동일 작업장 내에서 행하여진다)

> ㉠ 작업 A는 4명의 인원과 10일의 기간이 소요된다.
> ㉡ 작업 B는 2명의 인원과 20일의 기간이 소요되며, 작업 A가 끝난 후에 시작할 수 있다.
> ㉢ 작업 C는 4명의 인원과 50일의 기간이 소요된다.
> ㉣ 작업 D와 E는 각 작업 당 2명의 인원과 20일의 기간이 소요되며, 작업 E는 작업 D가 끝난 후에 시작할 수 있다.
> ㉤ 모든 인력은 작업 A~E까지 모두 동원될 수 있으며 생산력은 모두 같다.
> ㉥ 인건비는 1인당 1일 10만 원이다.
> ㉦ 작업장 사용료는 1일 50만 원이다.

① 업무를 가장 빨리 끝낼 수 있는 최단 기간은 50일이다.
② 최단 기간에 업무를 끝내기 위해 필요한 최소 인력은 10명이다.
③ 작업 가능한 인력이 4명뿐이라면 업무를 끝낼 수 있는 기간은 100일이다.
④ 모든 작업을 끝내는데 드는 최소 비용은 6,100만 원이다.

9 O회사에 근무하고 있는 채과장은 거래 업체를 선정하고자 한다. 업체별 현황과 평기기준이 다음과 같을 때, 선정되는 업체는?

<업체별 현황>

국가명	시장매력도	정보화수준	접근가능성
	시장규모(억 원)	정보화순위	수출액(백만 원)
A업체	550	106	9,103
B업체	333	62	2,459
C업체	315	91	2,597
D업체	1,706	95	2,777

<평가기준>
• 업체별 종합점수는 시장매력도(30점 만점), 정보화수준(30점 만점), 접근가능성(40점 만점)의 합계(100점 만점)로 구하며, 종합점수가 가장 높은 업체가 선정된다.
• 시장매력도 점수는 시장매력도가 가장 높은 업체에 30점, 가장 낮은 업체에 0점, 그 밖의 모든 업체에 15점을 부여한다. 시장규모가 클수록 시장매력도가 높다.
• 정보화수준 점수는 정보화순위가 가장 높은 업체에 30점, 가장 낮은 업체에 0점, 그 밖의 모든 업체에 15점을 부여한다.
• 접근가능성 점수는 접근가능성이 가장 높은 업체에 40점, 가장 낮은 업체에 0점, 그 밖의 모든 국가에 20점을 부여한다. 수출액이 클수록 접근가능성이 높다.

① A   ② B
③ C   ④ D

다음에 제시된 내용을 바탕으로 할 때, A가 문자를 보내야하는 사원은 몇 명인가?

'올해의 K인상' 후보에 총 5명(甲~戊)이 올랐다. 수상자는 120명의 신입사원 투표에 의해 결정되며 투표규칙은 다음과 같다.

- 투표권자는 한 명당 한 장의 투표용지를 받고, 그 투표용지에 1순위와 2순위 각 한 명의 후보자를 적어야 한다.
- 투표권자는 1순위와 2순위로 동일한 후보자를 적을 수 없다.
- 투표용지에 1순위로 적힌 후보자에게는 5점이, 2순위로 적힌 후보자에게는 3점이 부여된다.
- '올해의 K인상'은 개표 완료 후, 총 점수가 가장 높은 후보자가 수상하게 된다.
- 기권표와 무효표는 없다.

현재 투표까지 중간집계 점수는 다음과 같다.

후보자	중간집계 점수
甲	360점
乙	15점
丙	170점
丁	70점
戊	25점

① 50명

② 45명

③ 40명

④ 35명

11 다음은 이○○씨가 A지점에서 B지점을 거쳐 C지점으로 출근을 할 때 각 경로의 거리와 주행속도를 나타낸 것이다. 이○○씨가 오전 8시 정각에 A지점을 출발해서 B지점을 거쳐 C지점으로 갈 때, 이에 대한 설명 중 옳은 것을 고르면?

구간	경로	주행속도(km/h)		거리(km)
		출근 시간대	기타 시간대	
A→B	경로 1	30	45	30
	경로 2	60	90	
B→C	경로 3	40	60	40
	경로 4	80	120	

※ 출근 시간대는 오전 8시부터 오전 9시까지이며, 그 이외의 시간은 기타 시간대임.

① C지점에 가장 빨리 도착하는 시각은 오전 9시 10분이다.

② C지점에 가장 늦게 도착하는 시각은 오전 9시 20분이다.

③ B지점에 가장 빨리 도착하는 시각은 오전 8시 40분이다.

④ 경로 2와 경로 3을 이용하는 경우와, 경로 1과 경로 4를 이용하는 경우 C지점에 도착하는 시각은 동일하다.

신입사원 P씨는 중요한 회의의 자료를 출력하여 인원수에 맞춰 복사를 해두라는 팀장님의 지시를 받았는데 아무리 인쇄를 눌러봐도 프린터에서는 서류가 나오지 않았다. 이 때 서랍 속에서 프린터기의 사용설명서를 찾았다.

프린터 인쇄 문제 해결사

항목	문제	점검사항	조치
A	인쇄 출력 품질이 떨어집니다.	올바른 용지를 사용하고 있습니까?	• 프린터 권장 용지를 사용하면 인쇄 출력 품질이 향상됩니다. • 본 프린터는 ○○용지 또는 △△용지의 사용을 권장합니다.
		프린터기의 상태메뉴에 빨간 불이 들어와 있습니까?	• 프린터기의 잉크 노즐이 오염된 신호입니다. • 잉크 노즐을 청소하십시오.
B	문서가 인쇄되지 않습니다.	인쇄 대기열에 오류 문서가 있습니까?	인쇄 대기열의 오류 문서를 취소하십시오.
		네트워크가 제대로 연결되어 있습니까?	컴퓨터와 프린터의 네트워크 연결을 확인하고 연결하십시오.
		프린터기에 용지 또는 토너가 공급되어 있습니까?	프린터기에 용지 또는 토너를 공급하십시오.
C	프린터의 기능이 일부 작동하지 않습니다.	본사에서 제공하는 드라이버를 사용하고 있습니까?	본사의 홈페이지에서 제공하는 프린터 드라이버를 받아 설치하십시오.
D	인쇄 속도가 느립니다.	인쇄 대기열에 오류 문서가 있습니까?	인쇄 대기열의 오류 문서를 취소하십시오.
		인쇄하려는 파일에 많은 메모리가 필요합니까?	하드 디스크의 사용 가능한 공간의 양을 늘려보십시오.

12 신입사원 P씨가 확인해야 할 항목은 무엇인가?

① A   ② B
③ C   ④ D

13 다음 중 신입사원 P씨가 확인하지 않아도 되는 것은?

① 인쇄 대기열에 오류 문서가 있는지 확인한다.
② 네트워크가 제대로 연결되어있는지 확인한다.
③ 프린터기에 용지나 토너가 공급되어있는지 확인한다.
④ 올바른 용지를 사용하고 있는지 확인한다.

14 다음 중 문제해결을 위한 장애요소가 아닌 것은?

① 쉽게 떠오르는 단순한 정보
② 개인적인 편견이나 고정관념
③ 많은 자료를 수집하려는 노력
④ 문제의식

15 다음 제시문을 읽고 바르게 추론한 것을 〈보기〉에서 모두 고른 것은?

> A회사에서는 1,500명의 소속직원들이 마실 생수를 구입하기로 하였다. 모든 조건이 동일한 두 개의 생수회사가 최종 경쟁을 하게 되었다. 구입 담당자는 직원들에게 시음하게 하여 직원들이 가장 좋아하는 생수를 선정하고자 하였다. 다음과 같은 절차를 통하여 구이 담당자가 시음회를 주관하였다.
> • 직원들로부터 더 많이 선택 받은 생수회사를 최종적으로 선정한다.
> • 생수 시음회 참여를 원하는 직원을 대상으로 신청자를 접수하고 그 중 남자 15명과 여자 15명을 무작위로 선정하였다.
> • 두 개의 컵을 마련하여 하나는 1로 표기하고 다른 하나는 2로 표기하여 회사이름을 가렸다.
> • 참가직원들은 1번 컵의 생수를 마신 후 2번 컵의 생수를 마시고 둘 중 어느 쪽을 선호하는지 표시하였다.

〈보기〉
㉠ 참가자들이 특정 번호를 선호할 가능성을 고려하지 못하였다.
㉡ 참가자가 무작위로 선정되었으므로 전체 직원에 대한 대표성이 확보되었다.
㉢ 참가자의 절반은 2번 컵을 먼저 마시고 1번 컵을 나중에 마시도록 했어야 한다.
㉣ 우리나라의 남녀 비율이 50대 50이므로 남자직원과 여자직원을 동수로 뽑은 것은 적절하였다.

① ㉠㉡
② ㉠㉢
③ ㉡㉢
④ ㉡㉣

16 다음 조건에 따라 가영, 세경, 봉숙, 혜진, 분이 5명의 자리를 배정하려고 할 때 1번에 앉는 사람은 누구인가?

- 친한 사람끼리는 바로 옆자리에 배정해야 하고, 친하지 않은 사람끼리는 바로 옆자리에 배정해서는 안 된다.
- 봉숙이와 세경이는 서로 친하지 않다.
- 가영이와 세경이는 서로 친하다.
- 가영이와 봉숙이는 서로 친하다.
- 분이와 봉숙이는 서로 친하지 않다.
- 혜진이는 분이와 친하며, 5번 자리에 앉아야 한다.

1	2	3	4	5
( )	( )	( )	( )	혜진

① 가영 ② 세경
③ 봉숙 ④ 분이

17 다음은 특보의 종류 및 기준에 관한 자료이다. ㉠과 ㉡의 상황에 어울리는 특보를 올바르게 짝지은 것은?

〈특보의 종류 및 기준〉

종류	주의보	경보
강풍	육상에서 풍속 14m/s 이상 또는 순간풍속 20m/s 이상이 예상될 때. 다만, 산지는 풍속 17m/s 이상 또는 순간풍속 25m/s 이상이 예상될 때	육상에서 풍속 21m/s 이상 또는 순간풍속 26m/s 이상이 예상될 때. 다만, 산지는 풍속 24m/s 이상 또는 순간풍속 30m/s 이상이 예상될 때
호우	6시간 강우량이 70mm 이상 예상되거나 12시간 강우량이 110mm 이상 예상될 때	6시간 강우량이 110mm 이상 예상되거나 12시간 강우량이 180mm 이상 예상될 때
태풍	태풍으로 인하여 강풍, 풍랑, 호우 현상 등이 주의보 기준에 도달할 것으로 예상될 때	태풍으로 인하여 풍속이 17m/s 이상 또는 강우량이 100mm 이상 예상될 때. 다만, 예상되는 바람과 비의 정도에 따라 아래와 같이 세분한다. | | 3급 | 2급 | 1급 | | 바람(m/s) | 17~24 | 25~32 | 33이상 | | 비(mm) | 100~249 | 250~399 | 400이상 |
폭염	6월~9월에 일최고기온이 33℃ 이상이고, 일최고열지수가 32℃ 이상인 상태가 2일 이상 지속될 것으로 예상될 때	6월~9월에 일최고기온이 35℃ 이상이고, 일최고열지수가 41℃ 이상인 상태가 2일 이상 지속될 것으로 예상될 때

㉠ 태풍이 남해안에 상륙하여 울산지역에 270mm의 비와 함께 풍속 26m/s의 바람이 예상된다.
㉡ 지리산에 오후 3시에서 오후 9시 사이에 약 130mm의 강우와 함께 순간풍속 28m/s가 예상된다.

	㉠	㉡
①	태풍경보 1급	호우주의보
②	태풍경보 2급	호우경보+강풍주의보
③	태풍주의보	강풍주의보
④	태풍경보 2급	호우경보+강풍경보

18 A모직은 4~50대를 대상으로 하는 맞춤 수제정장을 주력 상품으로 판매하고 있다. 다음은 2~30대 청년층을 대상으로 하는 캐주얼 정장 시장에 진입을 시도해보자는 안건으로 진행된 회의 내용을 3C 분석표로 나타낸 것이다. 표를 보고 A모직에서 결정할 수 있는 사항으로 가장 옳지 않은 것은?

구분	내용
고객/시장(Customer)	• 시니어 정장 시장은 정체 및 감소되는 추세이다. • 캐주얼 정장 시장은 매년 급성장 중이다. • 청년들도 기성복이 아닌 맞춤 수제정장을 찾는 경우가 있다.
경쟁사(Competitor)	• 2~30대 캐주얼 정장 시장으로 진출할 경우 경쟁사는 외국 캐주얼 정장 기업, 캐주얼 전문 기업 등의 의류 기업 등이 포함된다. • 이미 대기업들의 캐주얼 정장시장은 브랜드 인지도, 유통, 생산 등에서 차별화된 경쟁력을 갖고 있다. • 공장 대량생산화를 통해 저렴한 가격으로 제품을 판매하고 있으며 스마트시대에 따른 디지털마케팅을 구사하고 있다.
자사(Company)	• 디지털마케팅 역량이 미흡하고, 신규 시장 진출 시 막대한 마케팅 비용이 들 것으로 예상된다. • 기존 시니어 정장에 대한 이미지를 탈피하기 위한 노력이 필요하다. • 오래도록 품질 좋은 수제 정장을 만들던 기술력을 보유하고 있다.

① 2~30대를 대상으로 맞춤 수제정장에 대한 설문조사를 진행한다.

② 경쟁사의 전략이 막강하고 자사의 자원과 역량은 부족하므로 진출하지 않는 것이 바람직하다.

③ 청년들도 맞춤 수제정장을 찾는 수가 많아지고 있으므로 소비되는 마케팅 비용보다 새로운 시장에서의 수입이 더 클 것으로 전망된다.

④ 대량생산되는 기성복과의 차별화를 부각시킬 수 있는 방안을 생각한다.

19 다음은 어느 레스토랑의 3C분석 결과이다. 이 결과를 토대로 하여 향후 해결해야 할 전략과제를 선택하고자 할 때 적절하지 않은 것은?

3C	상황 분석
고객/시장(Customer)	• 식생활의 서구화 • 유명브랜드와 기술제휴 지향 • 신세대 및 뉴패밀리 층의 출현 • 포장기술의 발달
경쟁 회사(Competitor)	• 자유로운 분위기와 저렴한 가격 • 전문 패밀리 레스토랑으로 차별화 • 많은 점포수 • 외국인 고용으로 인한 외국인 손님 배려
자사(Company)	• 높은 가격대 • 안정적 자금 공급 • 업계 최고의 시장점유율 • 고객증가에 따른 즉각적 응대의 한계

① 원가 절감을 통한 가격 조정
② 유명브랜드와의 장기적인 기술제휴
③ 즉각적인 응대를 위한 인력 증대
④ 안정적인 자금 확보를 위한 자본구조 개선

20 다음은 공공기관을 구분하는 기준이다. 다음 규정에 따라 각 기관을 구분한 결과가 옳지 않은 것은?

⟨공공기관의 구분⟩

제00조 제1항

공공기관을 공기업·준정부기관과 기타공공기관으로 구분하여 지정한다. 직원 정원이 50인 이상인 공공기관은 공기업 또는 준정부기관으로, 그 외에는 기타공공기관으로 지정한다.

제00조 제2항

제1항의 규정에 따라 공기업과 준정부기관을 지정하는 경우 자체수입액이 총수입액의 2분의 1 이상인 기관은 공기업으로, 그 외에는 준정부기관으로 지정한다.

제00조 제3항

제1항 및 제2항의 규정에 따른 공기업을 다음의 구분에 따라 세분하여 지정한다.
• 시장형 공기업 : 자산규모가 2조 원 이상이고, 총 수입액 중 자체수입액이 100분의 85 이상인 공기업
• 준시장형 공기업 : 시장형 공기업이 아닌 공기업

⟨공공기관의 현황⟩

공공기관	직원 정원	자산규모	자체수입비율
A	70명	4조 원	90%
B	45명	2조 원	50%
C	65명	1조 원	55%
D	60명	1.5조 원	45%

※ 자체수입비율 : 총 수입액 대비 자체수입액 비율

---

① A – 시장형 공기업　　　　　② B – 기타공공기관
③ C – 준정부기관　　　　　　④ D – 준정부기관

21 다음 글과 〈설립위치 선정 기준〉을 근거로 판단할 때, A사가 서비스센터를 설립하는 방식과 위치로 옳은 것은?

- 휴대폰 제조사 A는 B국에 고객서비스를 제공하기 위해 1개의 서비스센터 설립을 추진하려고 한다.
- 설립방식에는 ㈎ 방식과 ㈏ 방식이 있다.
- A사는 {(고객만족도 효과의 현재가치) − (비용의 현재가치)}의 값이 큰 방식을 선택한다.
- 비용에는 규제비용과 로열티비용이 있다.

구분	㈎ 방식	㈏ 방식	
고객만족도 효과의 현재가치	5억 원	4.5억 원	
비용의 현재가치	규제 비용	3억 원 (설립 당해년도만 발생)	없음
	로열티 비용	없음	− 3년간 로열티비용을 지불함 − 로열티비용의 현재가치 환산액 : 설립 당해년도는 2억 원, 그 다음 해부터는 직전년도 로열티비용의 1/2씩 감액한 금액

※ 고객만족도 효과의 현재가치는 설립 당해연도를 기준으로 산정된 결과이다.

〈설립위치 선정 기준〉
- 설립위치로 B국의 甲, 乙, 丙 3곳을 검토 중이며, 각 위치의 특성은 다음과 같다.

위치	유동인구(만 명)	20~30대 비율(%)	교통혼잡성
甲	80	75	3
乙	100	50	1
丙	75	60	2

- A사는 {(유동인구) × (20~30대 비율) / (교통혼잡성)} 값이 큰 곳을 선정한다. 다만 A사는 제품의 특성을 고려하여 20~30대 비율이 50% 이하인 지역은 선정대상에서 제외한다.

	설립방식	설립위치
①	㈎	甲
②	㈎	丙
③	㈏	甲
④	㈏	乙

22 다음 대화를 보고 추론할 수 없는 내용은?

> 지수 : 역시! 날짜를 바꾸지 않고 오늘 오길 잘한 것 같아. 비가 오기는커녕 구름 한 점 없는 날씨잖아!
>
> 민지 : 맞아. 여전히 뉴스의 일기예보는 믿을 수가 없다니까.
>
> 지수 : 그나저나 이 놀이기구에는 키 제한이 있어. 성희야, 네 아들 성식이는 이제 막 100cm가 넘었지? 그럼 이건 성식이랑 같이 탈 수 없겠네. 민지가 이게 꼭 타고 싶다고 해서 여기로 온 거잖아. 어떡하지?
>
> 성희 : 어쩔 수 없지. 너희가 이 놀이기구를 타는 동안 나랑 성식이는 사파리에 갔다 올게.
>
> 성식 : 신난다!! 사파리에 가면 호랑이도 볼 수 있어??
>
> 성희 : 그래. 호랑이도 있을 거야.
>
> 지수 : 성식이는 좋겠네. 엄마랑 호랑이보면서 이따가 점심 때 뭘 먹을지도 생각해봐.
>
> 민지 : 그러는 게 좋겠다. 그럼 30분 뒤에 동문 시계탑 앞에서 만나자. 잊으면 안 돼! 동문 시계탑이야. 저번처럼 다른 곳 시계탑으로 착각하면 안 돼. 오늘은 성식이도 있잖아. 헤매면 곤란해.
>
> 성희 : 알겠어. 내가 길치이긴 하지만 동쪽과 서쪽 정도는 구분할 수 있어. 지도도 챙겼으니까 걱정하지 않아도 돼.

① 호랑이를 좋아하는 성식이는 성희의 아들이다.

② 지수와 민지가 타려는 놀이기구는 키가 110cm 이상이 되어야 탈 수 있다.

③ 놀이공원의 서문 쪽에도 시계탑이 있다.

④ 일기예보에서는 오늘 비가 온다고 보도했었고, 이들은 약속날짜를 바꾸려고 했었다.

23 다음은 카지노를 경영하는 사업자에 대한 관광진흥개발기금 납부에 관한 규정이다. 카지노를 경영하는 甲은 연간 총매출액이 90억 원이며 기한 내 납부금으로 4억 원만을 납부했다. 다음 규정에 따를 경우 甲의 체납된 납부금에 대한 가산금은 얼마인가?

> 카지노를 경영하는 사업자는 아래의 징수비율에 해당하는 납부금을 '관광진흥개발기금'에 내야 한다. 만일 납부기한까지 납부금을 내지 않으면, 체납된 납부금에 대해서 100분의 3에 해당하는 가산금이 1회에 한하여 부과된다(다만, 가산금에 대한 연체료는 없다).
>
> 〈납부금 징수비율〉
> • 연간 총매출액이 10억 원 이하인 경우 : 총매출액의 100분의 1
> • 연간 총매출액이 10억 원을 초과하고 100억 원 이하인 경우 : 1천만 원+(총매출액 중 10억 원을 초과하는 금액의 100분의 5)
> • 연간 총매출액이 100억 원을 초과하는 경우 : 4억 6천만 원+(총매출액 중 100억 원을 초과하는 금액의 100분의 10)

① 30만 원
③ 160만 원

② 90만 원
④ 180만 원

24 다음 표는 A, B, C, D 4명의 성별, 연차, 취미, 좋아하는 업무를 조사하여 나타낸 표이다. 이를 근거로 아래 〈조건〉에 맞도록 TF팀을 구성하려고 한다. 다음 중 함께 TF팀이 구성될 수 있는 경우는 어느 것인가?

이름	A	B	C	D
성별	남자	남자	여자	여자
연차	10년 차	2년 차	7년 차	8년 차
취미	수영	기타(Guitar)	농구	피아노
좋아하는 업무	회계	수출	외환	물류

〈조건〉
㉠ 취미가 운동인 직원은 반드시 수출을 좋아하는 직원과 TF팀을 구성한다.
㉡ 짝수 연차 직원은 홀수 인원으로 TF팀을 구성할 수 없다.
㉢ 남직원만으로는 TF팀을 구성할 수 없다.

① A, B
② B, C
③ A, B, C
④ A, C, D

25 다음은 수미의 소비상황과 각종 신용카드 혜택 정보이다. 수미가 가장 유리한 하나의 신용카드만을 결제수단으로 사용할 때 적절한 소비수단은?

- 뮤지컬, OO테마파크 및 서점은 모두 B신용카드의 문화 관련업에 해당한다.
- 신용카드 1포인트는 1원이고, 문화상품권 1매는 1만 원으로 가정한다.
- 혜택을 금전으로 환산하여 액수가 많을수록 유리하다.
- 액수가 동일한 경우 할인혜택, 포인트 적립, 문화상품권 지급 순으로 유리하다.
- 혜택의 액수 및 혜택의 종류가 동일한 경우 혜택 부여 시기가 빠를수록 유리하다(현장할인은 결제 즉시 할인되는 것을 말하며, 청구할인은 카드대금 청구 시 할인 되는 것을 말한다).

〈수미의 소비상황〉

서점에서 여행서적(정가 각 3만 원) 3권과 DVD 1매(정가 1만 원)를 구입(직전 1개월간 A신용카드 사용금액은 15만 원이며, D신용카드는 가입 후 미사용 상태임)

〈각종 신용카드의 혜택〉

A신용카드	OO테마파크 이용시 본인과 동행 1인의 입장료의 20% 현장 할인(단, 직전 1개월간 A신용카드 사용금액이 30만 원 이상인 경우에 한함)
B신용카드	문화 관련 가맹업 이용시 총액의 10% 청구 할인(단, 할인되는 금액은 5만 원을 초과할 수 없음)
C신용카드	이용시마다 사용금액의 10%를 포인트로 즉시 적립. 사용금액이 10만 원을 초과하는 경우에는 사용금액의 20%를 포인트로 즉시 적립.
D신용카드	가입 후 2만 원 이상에 상당하는 도서류(DVD 포함) 구매시 최초 1회에 한하여 1만 원 상당의 문화상품권 증정(단, 문화상품권은 다음달 1일에 일괄 증정)

① A신용카드
③ C신용카드
② B신용카드
④ D신용카드

26 ○○교육에 다니는 甲은 학술지에 실린 국가별 대학 진학률 관련 자료가 훼손된 것을 발견하였다. ㉠~㉢까지가 명확하지 않은 상황에서 〈보기〉의 내용만을 가지고 그 내용을 추론한다고 할 때, 바르게 나열된 것은?

㉠	㉡	㉢	㉣	㉤	㉥	㉦	평균
68%	47%	46%	37%	28%	27%	25%	39.7%

〈보기〉
㈎ 스웨덴, 미국, 한국은 평균보다 높은 진학률이다.
㈏ 가장 높은 진학률 국가의 절반에 못 미치는 진학률을 보인 나라는 칠레, 멕시코, 독일이다.
㈐ 한국과 멕시코의 진학률의 합은 스웨덴과 칠레의 진학률의 합보다 20%p 많다.
㈑ 일본보다 진학률이 높은 국가의 수와 낮은 국가의 수는 동일하다.

① 미국 – 한국 – 스웨덴 – 일본 – 멕시코 – 독일 – 칠레
② 스웨덴 – 미국 – 한국 – 일본 – 칠레 – 멕시코 – 독일
③ 한국 – 미국 – 스웨덴 – 일본 – 독일 – 칠레 – 멕시코
④ 한국 – 스웨덴 – 미국 – 일본 – 독일 – 멕시코 – 칠레

금융 관련 긴급상황 발생 행동요령

1. 신용카드 및 체크카드를 분실한 경우

   카드를 분실했을 경우 카드회사 고객센터에 분실신고를 하여야 한다.

   분실신고 접수일로부터 60일 전과 신고 이후에 발생한 부정 사용액에 대해서는 납부의무가 없다. 카드에 서명을 하지 않은 경우, 비밀번호를 남에게 알려준 경우, 카드를 남에게 빌려준 경우 등 카드 주인의 특별한 잘못이 있는 경우에는 보상을 하지 않는다.

   비밀번호가 필요한 거래(현금인출, 카드론, 전자상거래)의 경우 분실신고 전 발생한 제2자의 부정사용액에 대해서는 카드사가 책임을 지지 않는다. 그러나 저항할 수 없는 폭력이나 생명의 위협으로 비밀번호를 누설한 경우 등 카드회원의 과실이 없는 경우는 제외한다.

2. 다른 사람의 계좌에 잘못 송금한 경우

   본인의 거래은행에 잘못 송금한 사실을 먼저 알린다. 전화로 잘못 송금한 사실을 말하고 거래은행 영업점을 방문해 착오입금반환의뢰서를 작성하면 된다.

   수취인과 연락이 되지 않거나 돈을 되돌려 주길 거부하는 경우에는 부당이득반환소송 등 법적 조치를 취하면 된다.

3. 대출사기를 당한 경우

   대출사기를 당했거나 대출수수료를 요구할 땐 경찰서, 금융감독원에 전화로 신고를 하여야 한다. 아니면 금감원 홈페이지 참여마당 → 금융범죄/비리/기타신고 → 불법 사금융 개인정보 불법유통 및 불법 대출 중개수수료 피해신고 코너를 통해 신고하면 된다.

4. 신분증을 잃어버린 경우

   가까운 은행 영업점을 방문하여 개인정보 노출자 사고 예방 시스템에 등록을 한다. 신청인의 개인정보를 금융회사에 전파하여 신청인의 명의로 금융거래를 하면 금융회사가 본인확인을 거쳐 2차 피해를 예방한다.

27 만약 당신이 신용카드를 분실했을 경우 가장 먼저 취해야 할 행동으로 적절한 것은?

① 경찰서에 전화로 분실신고를 한다.
② 해당 카드회사에 전화로 분실신고를 한다.
③ 금융감독원에 분실신고를 한다.
④ 카드사에 전화를 걸어 카드를 해지한다.

28 매사 모든 일에 철두철미하기로 유명한 당신이 보이스피싱에 걸려 대출사기를 당했다고 느껴질 경우 당신이 취할 수 있는 가장 적절한 행동은?

① 가까운 은행을 방문하여 개인정보 노출자 사고 예방 시스템에 등록을 한다.
② 해당 거래 은행에 송금 사실을 전화로 알린다.
③ 경찰서나 금융감독원에 전화로 신고를 한다.
④ 법원에 부당이득반환소송을 청구한다.

1 다음은 김 과장의 재무 현황을 나타낸 자료이다. 이에 대한 설명으로 옳은 것은? (단, 순자산=자산-부채)

자산		부채	
아파트	10억 원		
자동차	3100만 원		
현금	1억 5000만 원	은행 대출금	2억 5000만 원
요구불 예금	2500만 원	자동차 할부금	2500만 원
채권	3000만 원		
주식	2000만 원		

① 김 과장이 갖고 있는 실물자산으로는 아파트, 자동차, 현금이 있다.

② 자동차는 아파트보다 유동성이 낮다.

③ 요구불 예금은 주식보다 안정성이 높다.

④ 요구불 예금으로 자동차 할부금을 상환하면 순자산은 변동한다.

2 다음은 △△그룹 자원관리팀에 근무하는 수현이의 상황이다. A자원을 구입하는 것과 B자원을 구입하는 것에 대한 분석으로 옳은 것은?

> 수현이는 새로운 프로젝트를 위해 B자원을 구입하였다. 그런데 B자원을 주문한 날 상사가 A자원을 구입하라고 지시하자 고민하다가 결국 상사를 설득시켜 그대로 B자원을 구입하기로 결정했다. 단, 여기서 두 자원을 구입하기 위해 지불해야 할 금액은 각각 100만 원씩으로 같지만 △△그룹에게 있어 A자원의 실익은 150만 원이고 B자원의 실익은 200만 원이다. 그리고 자원을 주문한 이상 주문 취소는 불가능하다.

① 상사를 설득시켜 그대로 B자원을 구입하기로 결정한 수현이의 선택은 합리적이다.
② B자원의 구입으로 인한 기회비용은 100만 원이다.
③ B자원을 구입하기 위해 지불한 100만 원은 회수할 수 없는 한계비용이다.
④ △△그룹에게 있어 더 큰 실제의 이익을 주는 자원은 A자원이다.

3 다음 자료에 대한 분석으로 옳지 않은 것은?

> ○○그룹에는 총 50명의 직원이 근무하고 있으며 자판기 총 설치비용과 사내 전 직원이 누리는 총 만족감을 돈으로 환산한 값은 아래 표와 같다. (단, 자판기로부터 각 직원이 누리는 만족감의 크기는 동일하며 설치비용은 모든 직원이 똑같이 부담한다)

자판기 수(개)	총 설치비용(만 원)	총 만족감(만 원)
3	180	220
4	240	270
5	300	350
6	360	400
7	420	430

① 자판기를 3개 설치할 경우 각 직원들이 부담해야 하는 설치비용은 3만 6천 원이다.
② 자판기를 최적으로 설치하였을 때 전 직원이 누리는 총 만족감은 400만 원이다.
③ 자판기를 4개 설치할 경우 더 늘리는 것이 합리적이다.
④ 자판기를 한 개 설치할 때마다 추가되는 비용은 일정하다.

4 N사 기획팀에서는 해외 거래처와의 중요한 계약을 성사시키기 위해 이를 담당할 사내 TF팀 인원을 보강하고자 한다. 다음 상황을 참고할 때, 반드시 선발해야 할 2명의 직원은 누구인가?

기획팀은 TF팀에 추가로 필요한 직원 2명을 보강해야 한다. 계약실무, 협상, 시장조사, 현장교육 등 4가지 업무는 새롭게 선발될 2명의 직원이 분담하여 모두 수행해야 한다.
4가지 업무를 수행하기 위해 필수적으로 갖추어야 할 자질은 다음과 같다.

업무	필요 자질
계약실무	스페인어, 국제 감각
협상	스페인어, 설득력
시장조사	설득력, 비판적 사고
현장교육	국제 감각, 의사 전달력

- 기획팀에서 1차로 선발한 직원은 오 대리, 최 사원, 남 대리, 조 사원 4명이며, 이들은 모두 3가지씩의 '필요 자질'을 갖추고 있다.
- 의사 전달력은 남 대리를 제외한 나머지 3명이 모두 갖추고 있다.
- 조 사원이 시장조사 업무를 제외한 모든 업무를 수행하려면, 스페인어 자질만 추가로 갖추면 된다.
- 오 대리는 계약실무 업무를 수행할 수 있고, 최 사원과 남 대리는 시장조사 업무를 수행할 수 있다.
- 국제 감각을 갖춘 직원은 2명이다.

---

① 오 대리, 최 사원
② 오 대리, 남 대리
③ 최 사원, 조 사원
④ 남 대리, 조 사원

5 다음은 직장인 도씨가 작성한 보고서의 일부이다. 보기를 참고하여 각 투자유형과 사례가 알맞게 연결된 것은?

〈해외 투자의 유형별 목적과 사례〉

투자유형	투자목적	사례
자원개발형	광물, 에너지 등의 천연자원과 농산물의 안정적인 공급원 확보	
시장확보형	규모가 큰 시장 진출 및 빠르게 성장하는 시장 선점	
비용절감형	국내 생산으로는 가격 경쟁력이 낮은 제품의 해외 생산을 통한 비용 절감	
습득형	기업 인수, 경영 참가 등을 통한 생산 기술 및 마케팅 전문성 습득	

〈보기〉

㈎ ▽▽기업은 값싼 노동력을 확보하기 위해 동남아시아에 생산 공장을 설립하였다.

㈏ ○○기업은 우주개발 연구를 위해 미국에 연구소를 설립하였다.

㈐ △△기업은 중국의 희토류 광산 개발에 투자하였다.

㈑ ◁▷기업은 우리나라가 유럽연합과 FTA를 체결하자 유럽 각국에 스마트폰 공장을 설립하였다.

	자원개발형	시장확보형	비용절감형	습득형
①	㈎	㈏	㈐	㈑
②	㈐	㈑	㈎	㈏
③	㈏	㈐	㈑	㈎
④	㈑	㈎	㈏	㈐

6 홍보팀장은 다음 달 예산안을 정리하며 예산 업무 담당자에게 간접비용이 전체 직접비용의 30%를 넘지 않게 유지되도록 관리하라는 지시를 내렸다. 홍보팀의 다음과 같은 예산안에서 빈칸 A와 B에 들어갈 수 있는 금액으로 적당한 것은 어느 것인가?

〈예산안〉

- 원재료비 : 1억 3천만 원
- 보험료 : 2천 5백만 원
- 장비 및 시설비 : 2억 5천만 원
- 시설 관리비 : 2천 9백만 원
- 출장비 : (A)
- 광고료 : (B)
- 인건비 : 2천 2백만 원
- 통신비 : 6백만 원

① A : 6백만 원, B : 7천만 원
② A : 8백만 원, B : 6천만 원
③ A : 1천만 원, B : 7천만 원
④ A : 5백만 원, B : 8천만 원

▎7~8 ▎ S사 홍보팀에서는 사내 행사를 위해 다음과 같이 3개 공급업체로부터 경품1과 경품2에 대한 견적서를 받아보았다. 행사 참석자가 모두 400명이고 1인당 경품1과 경품2를 각각 1개씩 나누어 주어야 한다. 다음 자료를 보고 이어지는 질문에 답하시오.

공급처	물품	세트당 포함 수량(개)	세트 가격
A업체	경품1	100	85만 원
	경품2	60	27만 원
B업체	경품1	110	90만 원
	경품2	80	35만 원
C업체	경품1	90	80만 원
	경품2	130	60만 원

– A업체 : 경품2 170만 원 이상 구입 시, 두 물품 함께 구매하면 총 구매가의 5% 할인
– B업체 : 경품1 350만 원 이상 구입 시, 두 물품 함께 구매하면 총 구매가의 5% 할인
– C업체 : 경품1 350만 원 이상 구입 시, 두 물품 함께 구매하면 총 구매가의 20% 할인
* 모든 공급처는 세트 수량으로만 판매한다.

7 홍보팀에서 가장 저렴한 가격으로 인원수에 모자라지 않는 수량의 물품을 구매할 수 있는 공급처와 공급가격은 어느 것인가?

① A업체 / 5,000,500원 ② A업체 / 5,025,500원
③ B업체 / 5,082,500원 ④ B업체 / 5,095,000원

8 다음 중 C업체가 S사의 공급처가 되기 위한 조건으로 적절한 것은 어느 것인가?

① 경품1의 세트당 포함 수량을 100개로 늘린다.
② 경품2의 세트당 가격을 2만 원 인하한다.
③ 경품1의 세트당 가격을 5만 원 인하한다.
④ 경품2의 세트당 포함 수량을 120개로 줄인다.

9 다음 상황에서 총 순이익 200억 중에 Y사가 150억을 분배 받았다면 Y사의 연구개발비는 얼마인가?

X사와 Y사는 신제품을 공동개발하여 판매한 총 순이익을 다음과 같은 기준에 의해 분배하기로 약정하였다.

• 1번째 기준 : X사와 Y사는 총 순이익에서 각 회사 제조원가의 10%에 해당하는 금액을 우선 각자 분배 받는다.

• 2번째 기준 : 총 순수익에서 위의 1번째 기준에 의해 분배 받은 금액을 제외한 나머지 금액에 대한 분배는 각 회사가 연구개발을 지출한 비용에 비례하여 분배액을 정한다.

〈신제품 개발과 판례에 따른 연구개발비용과 총 순이익〉

(단위 : 억 원)

구분	X사	Y사
제조원가	200	600
연구개발비	100	( )
총 순이익	200	

① 200억 원　　　　　　　　　② 250억 원
③ 300억 원　　　　　　　　　④ 350억 원

10 다음은 서원이가 작성한 A, B, C, D 네 개 핸드폰의 제품별 사양과 사양에 대한 점수표이다. 다음 표를 본 소정이가 〈보기〉와 같은 상황에서 선택하기에 가장 적절한 제품과 가장 적절하지 않은 제품은 각각 어느 것인가?

구분	A	B	C	D
크기	153.2×76.1×7.6	154.4×76×7.8	154.4×75.8×6.9	139.2×68.5×8.9
무게	171g	181g	165g	150g
RAM	4GB	3GB	4GB	3GB
저장공간	64GB	64GB	32GB	32GB
카메라	16Mp	16Mp	8Mp	16Mp
배터리	3,000mAh	3,000mAh	3,000mAh	3,000mAh
가격	653,000원	616,000원	599,000원	549,000원

〈사양별 점수표〉

무게	160g 이하	161~180g	181~200g	200g 이상
	20점	18점	16점	14점

RAM	3GB		4GB	
	15점		20점	

저장 공간	32GB		64GB	
	18점		20점	

카메라	8Mp		16Mp	
	8점		20점	

가격	550,000원 미만	550,000~600,000원 미만	600,000~650,000원 미만	650,000원 이상
	20점	18점	16점	14점

〈보기〉

"나도 이번에 핸드폰을 바꾸려 하는데, 내가 가장 중요하게 생각하는 조건은 저장 공간이야. 그 다음으로는 무게가 가벼웠으면 좋겠고, 다음 카메라 기능이 좋은 걸 원하지. 음… 다른 기능은 전혀 고려하지 않지만 저장 공간, 무게, 카메라 기능에 각각 가중치를 30%, 20%, 10% 추가 부여하는 정도라고 볼 수 있어."

① A제품과 D제품　　　　　　② B제품과 C제품

③ A제품과 C제품　　　　　　④ B제품과 A제품

11 인사부에서 근무하는 H씨는 다음 〈상황〉과 〈조건〉에 근거하여 부서 배정을 하려고 한다. 〈상황〉과 〈조건〉을 모두 만족하는 부서 배정은 어느 것인가?

〈상황〉

총무부, 영업부, 홍보부에는 각각 3명, 2명, 4명의 인원을 배정하여야 한다. 이번에 선발한 인원으로는 5급이 A, B, C가 있으며, 6급이 D, E, F가 있고 7급이 G, H, I가 있다.

〈조건〉

조건1 : 총무부에는 5급이 2명 배정되어야 한다.
조건2 : B와 C는 서로 다른 부서에 배정되어야 한다.
조건3 : 홍보부에는 7급이 2명 배정되어야 한다.
조건4 : A와 I는 같은 부서에 배정되어야 한다.

	총무부	영업부	홍보부
①	A, C, I	D, E	B, F, G, H
②	A, B, E	D, G	C, F, H, I
③	A, B, I	C, D, G	E, F, H
④	B, C, H	D, E	A, F, G, I

12 다음은 어느 회사의 성과상여금 지급기준이다. 다음 기준에 따를 때 성과상여금을 가장 많이 받는 사원과 가장 적게 받는 사원의 금액 차이는 얼마인가?

〈성과상여금 지급기준〉

지급원칙

• 성과상여금은 적용대상사원에 대하여 성과(근무성적, 업무난이도, 조직 기여도의 평점 합) 순위에 따라 지급한다.

성과상여금 지급기준액

5급 이상	6급~7급	8급~9급	계약직
500만 원	400만 원	200만 원	200만 원

지급등급 및 지급률

• 5급 이상

지급등급	S등급	A등급	B등급	C등급
성과 순위	1위	2위	3위	4위 이하
지급률	180%	150%	120%	80%

• 6급 이하 및 계약직

지급등급	S등급	A등급	B등급
성과 순위	1위~2위	3~4위	5위 이하
지급률	150%	130%	100%

지급액 산정방법

개인별 성과상여금 지급액은 지급기준액에 해당등급의 지급율을 곱하여 산정한다.

〈소속사원 성과 평점〉

사원	평점			직급
	근무성적	업무난이도	조직기여도	
수현	8	5	7	계약직
이현	10	6	9	계약직
서현	8	8	6	4급
진현	5	5	8	5급
준현	9	9	10	6급
지현	9	10	8	7급

① 260만 원 ② 340만 원
③ 400만 원 ④ 450만 원

13 G회사에서 근무하는 S씨는 직원들의 출장비를 관리하고 있다. 이 회사의 규정이 다음과 같을 때 S씨가 甲 부장에게 지급해야 하는 총 일비와 총 숙박비는 각각 얼마인가? (국가 간 이동은 모두 항공편으로 한다고 가정한다)

여행일수의 계산

　여행일수는 여행에 실제로 소요되는 일수에 의한다. 국외여행의 경우에는 국내 출발일은 목적지를, 국내 도착일은 출발지를 여행하는 것으로 본다.

여비의 구분계산
- 여비 각 항목은 구분하여 계산한다.
- 같은 날에 여비액을 달리하여야 할 경우에는 많은 액을 기준으로 지급한다.

일비 · 숙박비의 지급
- 국외여행자의 경우는 〈국외여비정액표〉에 따라 지급한다.
- 일비는 여행일수에 따라 지급한다.
- 숙박비는 숙박하는 밤의 수에 따라 지급한다. 다만 항공편 이동 중에는 따로 숙박비를 지급하지 아니한다.

〈국외여비정액표〉

(단위 : 달러)

구분	여행국가	일비	숙박비
부장	A국	80	233
	B국	70	164

〈甲의 여행일정〉

1일째	(06:00)	출국
2일째	(07:00)	A국 도착
	(18:00)	만찬
3일째	(09:00)	회의
	(15:00)	A국 출국
	(17:00)	B국 도착
4일째	(09:00)	회의
	(18:00)	만찬
5일째	(22:00)	B국 출국
6일째	(20:00)	귀국

	총 일비(달러)	총 숙박비(달러)
①	450	561
②	450	610
③	460	610
④	460	561

▌14~15 ▌ 공장 주변지역의 농경수 오염에 책임이 있는 기업이 총 70억 원의 예산을 가지고 피해 현황 심사와 보상을 진행한다고 한다. 다음 글을 읽고 물음에 답하시오.

총 500건의 피해가 발생했고, 기업측에서는 실제 피해 현황을 심사하여 보상하기로 하였다. 심사에 소요되는 비용은 보상 예산에서 사용한다. 심사를 통해 좀 더 정확한 피해 규모를 파악할 수 있지만, 그에 따라 소요되는 비용 또한 증가하게 된다.

	1일째	2일째	3일째	4일째
일별 심사 비용(억 원)	0.5	0.7	0.9	1.1
일별 보상대상 제외건수	50	45	40	35

- 보상금 총액＝예산－심사 비용
- 표는 누적수치가 아닌, 하루에 소요되는 비용을 말함
- 일별 심사 비용은 매일 0.2억씩 증가하고 제외건수는 매일 5건씩 감소함
- 제외건수가 0이 되는 날, 심사를 중지하고 보상금을 지급함

---

14 기업측이 심사를 중지하는 날까지 소요되는 일별 심사 비용은 총 얼마인가?

① 15억 원 ② 15.5억 원
③ 16억 원 ④ 16.5억 원

15 심사를 중지하고 총 500건에 대해서 보상을 한다고 할 때, 보상대상자가 받는 건당 평균 보상금은 대략 얼마인가?

① 약 1천만 원 ② 약 2천만 원
③ 약 3천만 원 ④ 약 4천만 원

16 A씨와 B씨는 함께 내일 있을 시장동향 설명회에 발표할 준비를 함께하게 되었다. 우선 오전 동안 자료를 수집하고 오후 1시에 함께 회의하여 PPT작업과 도표로 작성해야 할 자료 등을 정리하고 각자 다음과 같은 업무를 나눠서 하려고 한다. 회의를 제외한 모든 업무는 혼자서 할 수 있는 일이고, 발표원고 작성은 PPT가 모두 작성되어야 시작할 수 있다. 각 영역당 소요시간이 다음과 같을 때 옳지 않은 것은? (단, 두 사람은 가장 빨리 작업을 끝낼 수 있는 방법을 선택한다)

업무	소요시간
회의	1시간
PPT 작성	2시간
PPT 검토	2시간
발표원고 작성	3시간
도표 작성	3시간

① 7시까지 발표 준비를 마칠 수 있다.
② 두 사람은 같은 시간에 준비를 마칠 수 있다.
③ A가 도표작성 능력이 떨어지고 두 사람의 PPT 활용 능력이 비슷하다면 발표원고는 A가 작성하게 된다.
④ 도표를 작성한 사람이 발표원고를 작성한다.

17 다음은 ☆☆ 기업의 직원별 과제 수행 결과에 대한 평가표이다. 가장 나쁜 평가를 받은 사람은 누구인가?

〈직원별 과제 수행 결과 평가표〉

성명	과제 수행 결과	점수
정은	정해진 기한 내에서 작업 완료	
석준	주어진 예산 한도 내에서 작업 완료	
환욱	계획보다 적은 인원을 투입하여 작업 완료	
영재	예상보다 더 많은 양의 부품을 사용하여 작업 완료	

① 정은　　　　　　　　　　② 석준
③ 환욱　　　　　　　　　　④ 영재

18 Z회사는 6대(A~F)의 자동차 생산을 주문받았다. 오늘을 포함하여 30일 이내에 자동차를 생산할 계획이며 Z회사의 하루 최대투입가능 근로자 수는 100명이다. 다음 〈공정표〉에 근거할 때 Z회사가 벌어들일 수 있는 최대 수익은 얼마인가? (단, 작업은 오늘부터 개시되며 각 근로자는 자신이 투입된 자동차의 생산이 끝나야만 다른 자동차의 생산에 투입될 수 있고 1일 필요 근로자 수 이상의 근로자가 투입되더라도 자동차당 생산 소요기간은 변하지 않는다)

〈공정표〉

자동차	소요기간	1일 필요 근로자 수	수익
A	5일	20명	15억 원
B	10일	30명	20억 원
C	10일	50명	40억 원
D	15일	40명	35억 원
E	15일	60명	45억 원
F	20일	70명	85억 원

① 150억 원
② 155억 원
③ 160억 원
④ 165억 원

19 J회사 관리부에서 근무하는 L씨는 소모품 구매를 담당하고 있다. 2016년 5월 중에 다음 조건 하에서 A4용지와 토너를 살 때, 총 비용이 가장 적게 드는 경우는? (단, 2016년 5월 1일에는 A4용지와 토너는 남아 있다고 가정하며, 다 썼다는 말이 없으면 그 소모품들은 남아있다고 가정한다)

- A4용지 100장 한 묶음의 정가는 1만 원, 토너는 2만 원이다. (A4용지는 100장 단위로 구매함)
- J회사와 거래하는 ◇◇오피스는 매달 15일에 전 품목 20% 할인 행사를 한다.
- ◇◇오피스에서는 5월 5일에 A사 카드를 사용하면 정가의 10%를 할인해 준다.
- 총 비용이란 소모품 구매가격과 체감비용(소모품을 다 써서 느끼는 불편)을 합한 것이다.
- 체감비용은 A4용지와 토너 모두 하루에 500원이다.
- 체감비용을 계산할 때, 소모품을 다 쓴 당일은 포함하고 구매한 날은 포함하지 않는다.
- 소모품을 다 쓴 당일에 구매하면 체감비용은 없으며, 소모품이 남은 상태에서 새 제품을 구입할 때도 체감비용은 없다.

① 3일에 A4용지만 다 써서, 5일에 A사 카드로 A4용지와 토너를 살 경우
② 13일에 토너만 다 써서 당일 토너를 사고, 15일에 A4용지를 살 경우
③ 10일에 A4용지와 토너를 다 써서 15일에 A4용지와 토너를 같이 살 경우
④ 3일에 A4용지만 다 써서 당일 A4용지를 사고, 13일에 토너를 다 써서 15일에 토너만 살 경우

20 다음에서 설명하는 예산제도는 무엇인가?

이것은 정부 예산이 여성과 남성에게 미치는 영향을 평가하고 이를 반영함으로써 예산에 뒷받침되는 정책과 프로그램이 성별 형평성을 담보하고, 편견과 고정관념을 배제하며, 남녀 차이를 고려하여 의도하지 않은 예산의 불평등한 배분효과를 파악하고, 이에 대한 개선안을 제시함으로써 궁극적으로 예산의 배분규칙을 재정립할 수 있도록 하는 제도이다. 또한 정책의 공정성을 높일 수 있으며, 남녀의 차이를 고려하므로 정책이 더 효율적이고 양성 평등한 결과를 기대할 수 있다. 그리하여 남성과 여성이 동등한 수준의 삶의 질을 향유할 수 있다는 장점이 있다.

① 품목별예산제도　　　　　　　　　② 성인지예산제도
③ 영기준예산제도　　　　　　　　　④ 성과주의예산제도

21 다음은 신입직원인 동성과 성종이 기록한 일기의 한 부분이다. 이에 대한 설명으로 옳지 않은 것은?

동성의 일기

2016. 2. 5 금

… 중국어 실력이 부족하여 하루 종일 중국어를 해석하는데 온 시간을 투자하였고 동료에게 무시를 당했다. 평소 중국어 공부를 소홀히 한 것이 후회스럽다.

2016. 2. 13 토

… 주말이지만 중국어 학원을 등록하여 오늘부터 중국어 수업을 들었다. 회사 업무도 업무지만 중국어는 앞으로 언젠가는 필요할 것이니까 지금부터라도 차근차근 배워야겠다.

성종의 일기

2016. 2. 21 일

오늘은 고등학교 동창들과 만든 테니스 모임이 있는 날이다. 여기서 친구들과 신나게 운동을 하면 지금까지 쌓였던 피로가 한 순간에 날아간다. 지난 한주의 스트레스를 오늘 여기서 다 날려 버리고 내일 다시 새로운 한주를 시작해야지.

2016. 2. 26 금

업무가 끝난 후 오랜만에 대학 친구들과 회식을 하였다. 그 중에서 한 친구는 자신의 아들이 이번에 ○○대학병원 인턴으로 가게 됐는데 직접 환자를 수술하는 상황에 처하자 두려움이 생겨 의사를 선택한 것에 대해 후회를 하고 있다며 아들 걱정을 하였다. 그에 비하면 나는 비록 작은 회사에 다니지만 그래도 내 적성과 맞는 직업을 택해 매우 다행이라는 생각이 문득 들었다.

---

① 성종은 비공식조직의 순기능을 경험하고 있다.
② 동성은 재사회화 과정을 거치고 있다.
③ 성종은 적성과 직업의 불일치 상황에 놓여 있다.
④ 동성은 업무수행에 있어 비공식적 제재를 받았다.

22 다음 사례에 나타난 자원 낭비 요인으로 옳지 않은 것은?

> 진수는 평소 시간에 대해서 중요하게 생각한 적이 없다. '시간이란 누구에게나 무한하게 있는 것으로 사람들은 왜 그렇게 시간을 중요하게 생각하는지 모르겠다.' 이것이 진수의 생각이다. 따라서 그는 어떤 일이나 약속을 하더라도 그때그때 기분에 따라서 행동을 하지 결코 계획을 세워 행동한 적이 없고 그 결과 중요한 약속을 지키지 못하거나 일을 그르친 적이 한두 번이 아니었다. 그리고 약간의 노하우만 있으면 쉽고 빨리 할 수 있는 일들도 진수는 다른 사람들에 비해 어렵고 오랜 시간을 들여 행하는 편이다. 이러한 이유로 사람들은 점점 진수를 신뢰하지 못하게 되었고 진수의 인간관계는 멀어지게 되었다.

① 비계획적 행동　　　　　　　　② 편리성 추구
③ 자원에 대한 인식 부재　　　　④ 노하우 부족

23 업무상 발생하는 비용은 크게 직접비와 간접비로 구분하게 되는데, 그 구분 기준이 명확하지 않은 경우도 있고 간혹 기준에 따라 직접비로도 간접비로도 볼 수 있는 경우가 있다. 다음에 제시되는 글을 토대로 할 때, 직접비와 간접비를 구분하는 가장 핵심적인 기준은 어느 것인가?

> • 인건비 : 해당 프로젝트에 투입된 총 인원수 및 지급 총액을 정확히 알 수 있으므로 직접비이다.
> • 출장비 : 출장에 투입된 금액을 해당 오더 건별로 구분할 수 있으므로 직접비이다.
> • 보험료 : 자사의 모든 수출 물품에 대한 해상보험을 연 단위 일괄적으로 가입했으므로 간접비이다.
> • 재료비 : 매 건별로 소요 자재를 산출하여 그에 맞는 양을 구입하였으므로 직접비이다.
> • 광고료 : 경영상 결과물과 자사 이미지 제고 등 전반적인 경영활동을 위한 것이므로 간접비이다.
> • 건물관리비 : 건물을 사용하는 모든 직원과 눈에 보이지 않는 회사 업무 자체를 위한 비용이므로 간접비이다.

① 생산물과 밀접한 관련성이 있느냐의 여부
② 생산물의 생산 완료 전 또는 후에 투입되었는지의 여부
③ 생산물의 가치에 차지하는 비중이 일정 기준을 넘느냐의 여부
④ 생산물의 생산 과정에 기여한 몫으로 추정이 가능한 것이냐의 여부

1 박대리는 보고서를 작성하던 도중 모니터에 '하드웨어 충돌'이라는 메시지 창이 뜨자 혼란에 빠지고 말았다. 이 문제점을 해결하기 위해 할 수 있는 행동으로 옳은 것은?

① [F8]을 누른 후 메뉴가 표시되면 '부팅 로깅'을 선택한 후 문제의 원인을 찾는다.

② 사용하지 않는 Windows 구성 요소를 제거한다.

③ [Ctrl]+[Alt]+[Delete] 또는 [Ctrl]+[Shift]+[Esc]를 누른 후 [Windows 작업 관리자]의 '응용 프로그램' 탭에서 응답하지 않는 프로그램을 종료한다.

④ [시스템] → [하드웨어]에서 〈장치 관리자〉를 클릭한 후 '장치 관리자'창에서 확인하여 중복 설치된 장치를 제거 후 재설치한다.

2 Y그룹에서는 이번에 지문과 홍채를 이용하여 개개인의 정보를 보호할 수 있는 새로운 기술을 스마트 폰에 적용하고자 한다. 그리하여 해당 그룹 연구소에 근무하는 연구원 경진은 검색엔진을 사용하여 인터넷에서 지문과 홍체에 대한 연구 자료들을 모두 수집하려고 한다. 정보검색 연산자를 사용할 때 가장 적절한 검색식은 무엇인가? (단, 사용하려는 검색엔진은 AND 연산자로 '*', OR 연산자로 '+', NOT 연산자로 '!'를 사용한다.)

① 지문+홍채
② 정보보호!홍채
③ 지문*홍채
④ 지문+정보보호

3 다음 자료를 보고 추론한 것으로 적절하지 않은 것은?

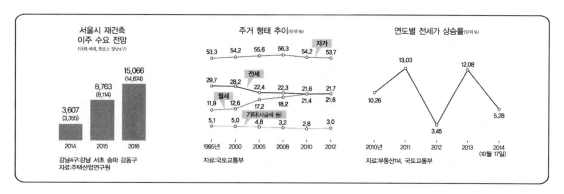

① 짝수 해보다 홀수 해의 전세가 상승률이 더 높다.
② 근로자·서민을 위한 전세자금의 대출금리를 낮추는 방안이 필요하다.
③ 임대차 기간을 현행 2년에서 3년으로 연장하게 되면, 근본적인 문제를 해결할 수 있다.
④ 주거 형태가 점차 전세에서 월세로 전환되고 있다.

4 수현이와 지혜는 강릉으로 가기 위해 고속버스를 이용하기로 했다. 그렇게 두 사람은 표를 예매하고 승차시간까지 기다리다 우연히 승차권의 뒷면을 보게 되었다. 이 때 다음의 그림을 보고 "운송약관 중 7번"에 대한 정보내용에서 서비스의 어떠한 측면과 가장 관련성이 있는지 추측한 내용으로 가장 올바른 것은?

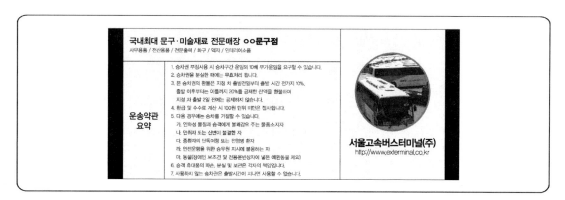

① 서비스는 재고의 형태로 보관할 수 없다.
② 서비스는 유형의 상품에만 적용된다.
③ 서비스는 시공간적으로 분리가 가능하다.
④ 가변성으로 인해 서비스의 내용이 달라질 수 있다.

┃5~6┃ 다음은 H사의 물품 재고 창고에 적재되어 있는 제품 보관 코드 체계이다. 다음 표를 보고 이어지는 질문에 답하시오.

생산연월	공급처				제품 분류			입고량
	원산지 코드		제조사 코드		용품 코드		제품별 코드	
• 1209 – 2012년 9월 • 1011 – 2010년 11월	1	중국	A	All-8	01	캐주얼	001	청바지	00001부터 5자리 시리얼 넘버 부여
			B	2 Stars				
			C	Facai				
	2	베트남	D	Nuyen			002	셔츠
			E	N-sky				
	3	멕시코	F	Bratos	02	여성	003	원피스
			G	Fama			004	바지
	4	한국	H	혁진사			005	니트
							006	블라우스
			I	K상사	03	남성	007	점퍼
			J	영스타				
	5	일본	K	왈러스			008	카디건
			L	토까이				
			M	히스모			009	모자
	6	호주	N	오즈본	O	Island	010	용품
							011	신발
							012	래시가드
			O	Island	05	베이비	013	내복
			P	Kunhe			014	바지
	7	독일	Q	Boyer	06	반려 동물	015	사료
							016	간식
							017	장난감

〈예시〉

2010년 12월에 중국 '2 Stars'에서 생산된 아웃도어 신발의 15번째 입고 제품 코드

→ 1012 – 1B – 04011 – 00015

5 2011년 10월에 생산된 '왈러스'의 여성용 블라우스로 10,215번째 입고된 제품의 코드로 알맞은 것은?

① 1010 − 5K − 02006 − 00215

② 1110 − 5K − 02060 − 10215

③ 1110 − 5K − 02006 − 10215

④ 1110 − 5L − 02005 − 10215

6 제품 코드 0810 − 3G − 04011 − 00910에 대한 설명으로 옳지 않은 것은?

① 해당 제품의 입고 수량은 적어도 910개 이상이다.

② 중남미에서 생산된 제품이다.

③ 여름에 생산된 제품이다.

④ 캐주얼 제품이 아니다.

책임자	제품코드번호	책임자	제품코드번호
강경모	15063G0200700031	고건국	15046O0401900018
공석준	15033G0301300003	나경록	15072E0200900025
문정진	15106P0200800024	박진철	15025M0401500008
송영진	15087Q0301100017	신현규	15111A0100500021
지석원	15054J0201000005	최용상	15018T0401700013

ex) 제품코드번호

2015년 9월에 경기도 1공장에서 15번째로 생산된 침실가구 장롱 코드 1509-1A-01003-00015

1509	–	1A	–	01003	–	00015
(생산연월)		(생산공장)		(제품종류)		(생산순서)

생산연월	생산공장				제품종류				생산순서
	지역코드		고유번호		분류코드		고유번호		
• 1503 – 2015년 3월 • 1510 – 2015년 10월	1	경기도	A	1공장	01	침실가구	001	침대	• 00001부터 시작하여 생산 순서대로 5자리의 번호가 매겨짐
			B	2공장			002	매트리스	
			C	3공장			003	장롱	
	2	울산	D	1공장			004	서랍장	
			E	2공장			005	화장대	
			F	3공장			006	거울	
	3	부산	G	1공장	02	거실가구	007	TV	
			H	2공장			008	장식장	
			I	3공장			009	소파	
	4	인천	J	1공장			010	테이블	
			K	2공장	03	서재가구	011	책꽂이	
			L	3공장			012	책상	
	5	대구	M	1공장			013	의자	
			N	2공장			014	책장	
	6	광주	O	1공장	04	수납가구	015	선반	
			P	2공장			016	공간박스	
	7	제주	Q	1공장			017	코너장	
			R	2공장			018	소품수납함	
	8	대전	S	1공장			019	행거	
			T	2공장			020	수납장	

7 ▽▽그룹의 제품 중 2015년 12월에 제주 2공장에서 313번째로 생산된 침실가구 장롱의 코드로 알맞은 것은?

① 15127R0100100313
② 15127R0100200313
③ 15127R0100300313
④ 15127R0100400313

8 2공장에서 생산된 제품들 중 현재 물류창고에 보관하고 있는 거실가구는 모두 몇 개인가?

① 1개
② 2개
③ 3개
④ 4개

9 다음 중 부산 1공장에서 생산된 제품을 보관하고 있는 물류창고의 책임자들끼리 바르게 연결된 것은?

① 고건국-문정진
② 강경모-공석준
③ 박진철-최용상
④ 나경록-지석원

다음 순서도에서 인쇄되는 S의 값은? (단, $[x]$는 x보다 크지 않은 최대의 정수이다)

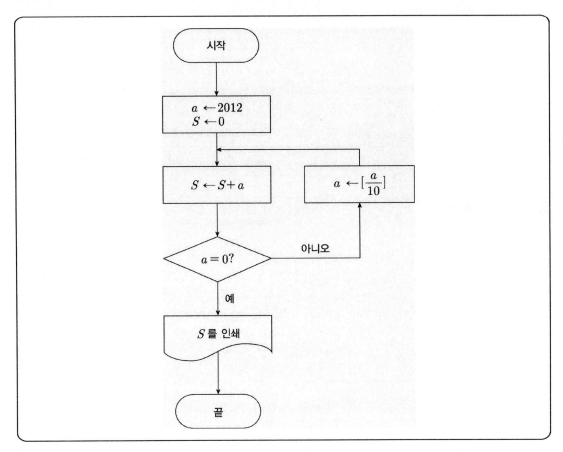

① 2230

② 2235

③ 2240

④ 2245

11 다음의 알고리즘에서 인쇄되는 S는?

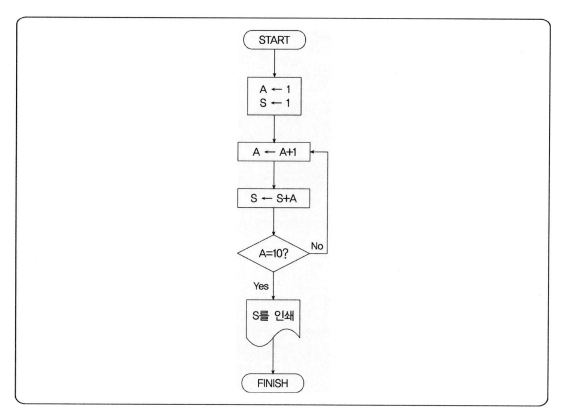

① 36
② 45
③ 55
④ 66

12 다음 워크시트에서 수식 '=LARGE(B2:B7,2)'의 결과 값은?

	A	B
1	회사	매출액
2	A	200
3	B	600
4	C	100
5	D	1,000
6	E	300
7	F	800

① 200

② 300

③ 600

④ 800

13 다음 중 아래 시트에서 수식 '=MOD(A3:A4)'의 값과 수식 '=MODE(A1:A9)'의 값을 바르게 나열한 것은?

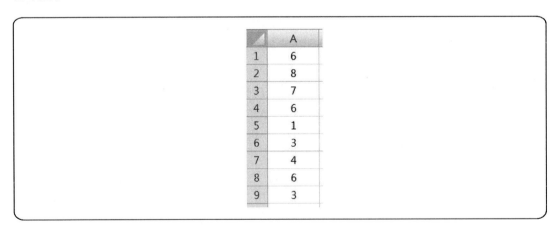

	A
1	6
2	8
3	7
4	6
5	1
6	3
7	4
8	6
9	3

① 1, 3

② 1, 6

③ 1, 8

④ 2, 3

14 다음 중 아래 시트에서 야근일수를 구하기 위해 [B9] 셀에 입력할 함수로 옳은 것은?

	A	B	C	D	E
1	4월 야근 현황				
2	날짜	도준영	전아롱	이진주	강석현
3	4월15일		V		V
4	4월16일	V		V	
5	4월17일	V	V	V	
6	4월18일		V	V	V
7	4월19일	V		V	
8	4월20일	V			
9	야근일수				
10					

① =COUNTBLANK(B3:B8) ② =COUNT(B3:B8)

③ =COUNTA(B3:B8) ④ =SUM(B3:B8)

15 지민 씨는 회사 전화번호부를 1대의 핸드폰에 저장하였다. 핸드폰 전화번호부에서 검색을 했을 때 나타나는 결과로 옳은 것은? ('6'을 누르면 '5468', '7846' 등이 뜨고 'ㅌ'을 누르면 '전태승' 등이 뜬다)

구분	이름	번호
총무팀	이서경	0254685554
마케팅팀	김민종	0514954554
인사팀	최찬웅	0324457846
재무팀	심빈우	0319485575
영업팀	민하린	01054892464
해외사업팀	김혜서	01099843232
전산팀	전태승	01078954654

① 'ㅎ'을 누르면 4명이 뜬다.

② '32'를 누르면 2명이 뜬다.

③ '55'를 누르면 2명이 뜬다.

④ 'ㅂ'을 누르면 아무도 나오지 않는다.

16 다음은 버블정렬에 관한 설명과 예시이다. 보기에 있는 수를 버블 정렬을 이용하여 오름차순으로 정렬하려고 한다. 1회전의 결과는?

버블정렬은 인접한 두 숫자의 크기를 비교하여 교환하는 방식으로 정렬한다. 이때 인접한 두 숫자는 수열의 맨 앞부터 뒤로 이동하며 비교된다. 맨 마지막 숫자까지 비교가 이루어져 가장 큰 수가 맨 뒷자리로 이동하게 되면 한 회전이 끝난다. 다음 회전에는 맨 뒷자리로 이동한 수를 제외하고 같은 방식으로 비교 및 교환이 이루어진다. 더 이상 교환할 숫자가 없을 때 정렬이 완료된다. 교환은 두 개의 숫자가 서로 자리를 맞바꾸는 것을 말한다.

〈예시〉

30, 15, 40, 10을 정렬하려고 한다.
• 1회전
(30, 15), 40, 10 : 30〉15 이므로 교환
15, (30, 40), 10 : 40〉30 이므로 교환이 이루어지지 않음
15, 30, (40, 10) : 40〉10 이므로 교환
1회전의 결과 값 : 15, 30, 10, 40

• 2회전 (40은 비교대상에서 제외)
(15, 30), 10, 40 : 30〉15 이므로 교환이 이루어지지 않음
15, (30, 10), 40 : 30〉10 이므로 교환
2회전의 결과 값 : 15, 10, 30, 40

• 3회전 (30, 40은 비교대상에서 제외)
(15, 10), 30, 40 : 15〉10이므로 교환
3회전 결과 값 : 10, 15, 30, 40 →교환 완료

〈보기〉
9, 6, 7, 3, 5

① 6, 3, 5, 7, 9
② 3, 5, 6, 7, 9
③ 6, 7, 3, 5, 9
④ 9, 6, 7, 3, 5

17 '트리의 차수(Degree of tree)'는 트리 내의 각 노드들의 차수 중 가장 큰 값을 말한다. 다음 그림에서 '트리의 차수'는?

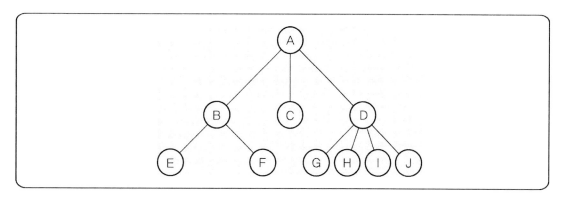

① 2

② 3

③ 4

④ 5

18 다음 워크시트에서 [A1:B2] 영역을 선택한 후 채우기 핸들을 사용하여 드래그 했을 때 [A6:B6] 영역 값으로 바르게 짝지은 것은?

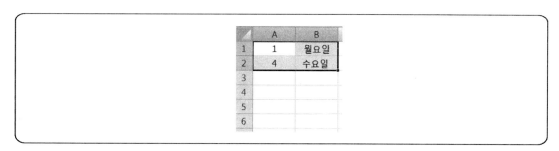

A6	B6		A6	B6
① 15	목요일	② 16	목요일
③ 15	수요일	④ 16	수요일

19 다음 중 아래의 설명에 해당하는 용어는?

> • 정보의 형태나 형식을 변환하는 처리나 처리 방식이다.
> • 파일의 용량을 줄이거나 화면크기를 변경하는 등 다양한 방법으로 활용된다.

① 인코딩(encoding)
② 리터칭(retouching)
③ 렌더링(rendering)
④ 디코더(decoder)

20 그 성격이 가장 다른 정보원은?

① 단행본
② 학술회의자료
③ 백과사전
④ 특허정보

21 다음은 스프레드시트로 작성한 워크시트이다. (가)~(라)에 대한 설명으로 옳지 않은 것은?

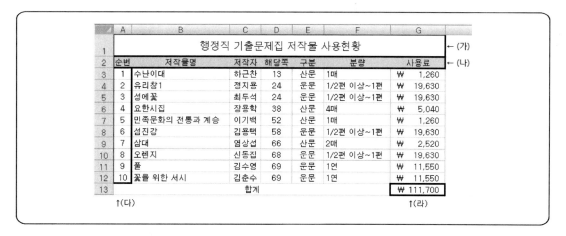

① (가)는 '셀 병합' 기능을 이용하여 작성할 수 있다.

② (나)는 '셀 서식'의 '채우기' 탭에서 색상을 변경할 수 있다.

③ (다)는 A3 값을 입력 후 '자동 채우기' 기능을 사용할 수 있다.

④ (라)의 값은 '=EVEN(G3:G12)'로 구할 수 있다.

22 인터넷 기술을 기업 내 정보 시스템에 적용한 것으로 전자우편 시스템, 전자결재 시스템 등을 인터넷 환경으로 통합하여 사용하는 것을 무엇이라고 하는가?

① 인트라넷 ② 엑스트라넷

③ 원격 접속 ④ 그룹웨어

┃23~24┃ 다음은 시스템 모니터링 중에 나타난 화면이다. 다음 화면에 나타나는 정보를 이해하고 시스템 상태를 파악하여 적절한 input code를 고르시오.

〈시스템 화면〉

System is checking........
Run.....

Error Found!
Index GTEMSHFCBA of file WODRTSUEAI

input code : _____

항목	세부사항
index '__' of file '__'	• 오류 문자 : Index 뒤에 나타나는 10개의 문자 • 오류 발생 위치 : File 뒤에 나타나는 10개의 문자
Error Value	오류 문자와 오류 발생 위치를 의미하는 문자에 사용된 알파벳을 비교하여 일치하는 알파벳의 개수를 확인(단, 알파벳의 위치와 순서는 고려하지 않으며 동일한 알파벳이 속해 있는지만 확인한다.)
input code	Error Value를 통하여 시스템 상태를 판단

판단 기준	시스템 상태	input code
일치하는 알파벳의 개수가 0개인 경우	안전	safe
일치하는 알파벳의 개수가 1~3개인 경우	경계	alert
일치하는 알파벳의 개수가 4~6개인 경우		vigilant
일치하는 알파벳의 개수가 7~10개인 경우	위험	danger

23

〈시스템 화면〉

System is checking........
Run.....

Error Found!
Index DRHIZGJUMY of file OPAULMBCEX

input code : _____

① safe   ② alert
③ vigilant   ④ danger

24

〈시스템 화면〉

System is checking........
Run.....

Error Found!
Index QWERTYUIOP of file POQWIUERTY

input code : _____

① safe   ② alert
③ vigilant   ④ danger

1 다음 사례를 특허권, 실용신안권, 디자인권, 상표권으로 구분하여 바르게 연결한 것은?

	사례
(가)	밥그릇의 용기모양을 꽃잎형, 반구형 등 다양한 디자인으로 창안하였다.
(나)	핸드폰 도난을 방지하기 위해 핸드폰에 자동위치경보시스템을 발명하였다.
(다)	파란색 바탕에 흰색 글씨로 자사의 상표를 만들었다.
(라)	하나의 안경으로 다양한 색깔의 안경알을 사용하기 위해 안경테 부분에 작은 홈을 파 놓았다.

	특허권	실용신안권	디자인권	상표권
①	(가)	(다)	(나)	(라)
②	(나)	(라)	(가)	(다)
③	(다)	(나)	(라)	(가)
④	(라)	(가)	(다)	(나)

2 다음 중 네트워크 혁명의 역기능으로 옳지 않은 것은?

① 정보기술을 이용한 감시
② 범죄 및 반사회적인 사이트의 감소
③ 디지털 격차
④ 정보화에 따른 실업의 증가

3 다음은 한 국책연구소에서 발표한 '국가 기간산업 안전진단' 보고서 중 산업재해 사고·사망 원인 분석 자료이다. ㉠~㉢에 들어갈 사례로 옳은 것끼리 묶인 것은?

산업재해 사고·사망 원인 분석 자료	
원인	사례
교육적 원인(23%)	㉠
기술적 원인(35%)	㉡
작업관리상 원인(42%)	㉢

－ ○○연구소, '국가 기간산업 안전진단', 2015. 11. 12. 발표 －

	㉠	㉡	㉢
①	점검·정비·보존의 불량	안전지식의 불충분	안전수칙 미 제정
②	유해 위험 작업 교육 불충분	생산 공정의 부적당	안전관리 조직의 결함
③	작업준비 불충분	안전수칙의 오해	재료의 부적합
④	경험이나 훈련의 불충분	인원 배치 및 작업지시 부적당	구조물의 불안정

4 다음은 매뉴얼의 종류 중 어느 것에 속하는가?

제1장 총칙

제1조【목적】
이 규정은 △△주식회사(이하 "당사"라고 한다)의 경리에 관한 기준을 정하여 경영활동의 능률적 운영을 추진하고 회사의 재정상태와 경영성적에 관해 명확한 보고를 도모함을 목적으로 한다.

제2조【적용범위】
경리에 관한 업무는 이 규정이 정하는 바에 의해 이 규정의 적용이 어려울 때에는 사장이 이를 지시한다.

제3조【경리업무】
경리업무란 다음 각 호에서 정하는 사항을 말한다.
1. 금전, 어음 및 유가증권의 출납, 보관과 자금의 조달 및 운영에 관한 사항
2. 채권, 채무에 관한 사항
3. 장부의 기장정리 및 보관에 관한 사항
4. 재고자산 경리에 관한 사항
5. 고정자산 경리에 관한 사항
6. 예산, 결산에 관한 사항
7. 원가계산에 관한 사항
8. 내부감사에 관한 사항
9. 경리의 통계조사에 관한 사항
10. 기타 경리에 관한 사항

---

① 제품매뉴얼   ② 고객매뉴얼

③ 업무매뉴얼   ④ 기술매뉴얼

5 다음은 한 건설업체의 사고사례를 바탕으로 재해예방대책을 작성한 표이다. 다음의 재해예방대책 중 보완되어야 할 단계는 무엇인가?

사고사례	2015년 11월 6일 (주)○○건설의 아파트 건설현장에서 작업하던 인부 박모씨(43)가 13층 높이에서 떨어져 사망한 재해임
재해예방대책	1단계 : 사업장의 안전 목표를 설정하고 안전관리 책임자를 선정하여 안전 계획 수립 후 이를 시행·후원·감독해야 한다. 2단계 : 재해의 발생 장소, 재해 유형, 재해 정도, 관련 인원, 관리·감독의 적절성, 작업공구·장비의 상태 등을 정확히 분석한다. 3단계 : 원인 분석을 토대로 적절한 시정책 즉, 기술적 개선, 인사 조정 및 교체, 교육, 설득, 공학적 조치 등을 선정한다. 4단계 : 안전에 대한 교육훈련 실시, 안전시설 및 장비의 결함 개선, 안전관리 감독 실시 등의 선정된 시정책을 적용한다.

① 안전관리조직   ② 사실의 발견
③ 원인 분석   ④ 기술 공고화

6 다음 중 지식재산권의 특징으로 옳지 않은 것은?

① 지식재산권을 활용한 다국적 기업화가 이루어지고 있다.
② 연쇄적인 기술개발을 촉진하는 계기를 마련해 주고 있다.
③ 국가 산업발전 및 경쟁력을 결정짓는 '산업자본'이다.
④ 눈에 보이지 않는 무형의 재산과 눈에 보이는 유형의 재산을 모두 포함한다.

확인사항	조치방법
주행이 이상합니다.	• 센서를 부드러운 천으로 깨끗이 닦아주세요. • 초극세사 걸레를 장착한 경우라면 장착 상태를 확인해 주세요. • 주전원 스위치를 끈 후, 다시 켜주세요.
흡입력이 약해졌습니다.	• 흡입구에 이물질이 있는지 확인하세요. • 먼지통을 비워주세요. • 먼지통 필터를 청소해 주세요.
소음이 심해졌습니다.	• 먼지통이 제대로 장착되었는지 확인하세요. • 먼지통 필터가 제대로 장착되었는지 확인하세요. • 회전솔에 이물질이 끼어있는지 확인하세요. • Wheel에 테이프, 껌 등 이물이 묻었는지 확인하세요.
리모컨으로 작동시킬 수 없습니다.	• 배터리를 교환해 주세요. • 본체와의 거리가 3m 이하인지 확인하세요. • 본체 밑면의 주전원 스위치가 켜져 있는지 확인하세요.
회전솔이 회전하지 않습니다.	• 회전솔을 청소해 주세요. • 회전솔이 제대로 장착이 되었는지 확인하세요.
충전이 되지 않습니다.	• 충전대 주변의 장애물을 치워주세요. • 충전대에 전원이 연결되어 있는지 확인하세요. • 충전 단자를 마른 걸레로 닦아 주세요. • 본체를 충전대에 붙인 상태에서 충전대 뒷면에 있는 리셋버튼을 3초 간 눌러주세요.
자동으로 충전대 탐색을 시작합니다. 자동으로 전원이 꺼집니다.	로봇청소기가 충전 중이지 않은 상태로 아무 동작 없이 10분이 경과되면 자동으로 충전대 탐색을 시작합니다. 충전대 탐색에 성공하면 충전을 시작하고 충전대를 찾지 못하면 처음위치로 복귀하여 10분 후에 자동으로 전원이 꺼집니다.

7 로봇청소기 서비스센터에서 근무하고 있는 L씨는 고객으로부터 소음이 심해졌다는 문의전화를 받았다. 이에 대한 조치방법으로 L씨가 잘못 답변한 것은?

① 먼지통 필터가 제대로 장착되었는지 확인하세요.
② 회전솔에 이물질이 끼어있는지 확인하세요.
③ Wheel에 테이프, 껌 등 이물이 묻었는지 확인하세요.
④ 흡입구에 이물질이 있는지 확인하세요.

8 로봇청소기가 충전 중이지 않은 상태로 아무 동작 없이 10분이 경과되면 자동으로 충전대 탐색을 시작하는데 충전대를 찾지 못하면 어떻게 되는가?

① 아무 동작 없이 그 자리에 멈춰 선다.
② 처음위치로 복귀하여 10분 후에 자동으로 전원이 꺼진다.
③ 계속 청소를 한다.
④ 계속 충전대를 찾아 돌아다닌다.

9 로봇청소기가 갑자기 주행이 이상해졌다. 고객이 시도해보아야 하는 조치방법으로 옳은 것은?

① 충전 단자를 마른 걸레로 닦는다.
② 회전솔을 청소한다.
③ 센서를 부드러운 천으로 깨끗이 닦는다.
④ 먼지통을 비운다.

|10~12| 다음 〈보기〉는 그래프 구성 명령어 실행 예시이다. 〈보기〉를 참고하여 다음 물음에 답하시오.

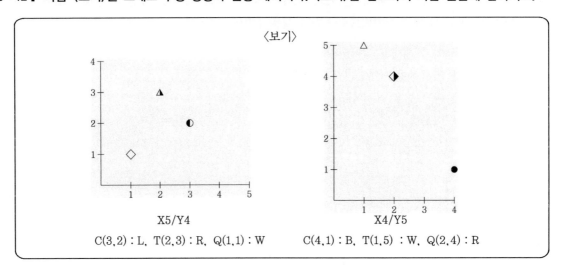

〈보기〉

X5/Y4
C(3,2) : L, T(2,3) : R, Q(1,1) : W

X4/Y5
C(4,1) : B, T(1,5) : W, Q(2,4) : R

10 다음 그래프에 알맞은 명령어는?

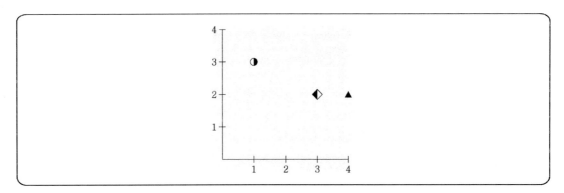

① X4/Y4

C(1,3) : R, T(4,2) : B, Q(3,2) : L

② X4/Y4

C(3,1) : R, T(2,4) : B, Q(2,3) : L

③ X4/Y4

C(1,3) : W, T(4,2) : R, Q(3,2) : R

④ X4/Y4

C(1,3) : R, T(4,2) : L, Q(3,2) : B

11 X6/Y6 C(3,4) : L, T(5,3) : W, Q(2,5) : R의 그래프를 산출할 때, 산출된 그래프의 형태로 옳은 것은?

①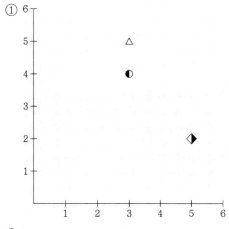

②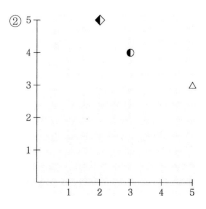

③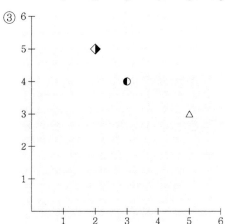

④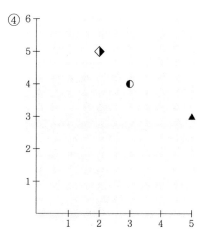

12 X5/Y3 C(3,1) : R, T(4,3) : B, Q(5,2) : R의 그래프를 산출할 때, 오류가 발생하여 다음과 같은 그래프가 산출되었다. 다음 중 오류가 발생한 값은?

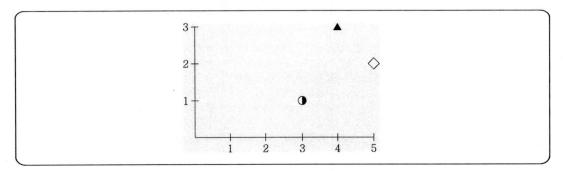

① X5/Y3

② C(3,1) : R

③ T(4,3) : B

④ Q(5,2) : R

13 다음은 ○○기업의 기술적용계획표이다. ㉠~㉣ 중 기술적용 시 고려할 사항으로 가장 적절하지 않은 것은?

기술적용계획표				
프로젝트명	2015년 가상현실 시스템 구축			
항목	평가			비교
	적절	보통	부적절	
기술적용 고려사항				
㉠ 현장 작업 담당자가 해당 시스템을 사용하길 원하는가?				
㉡ 해당 시스템이 향후 목적과 비전에 맞추어 잠재적으로 응용가능한가?				
㉢ 해당 시스템의 수명주기를 충분히 고려하여 불필요한 교체를 피하였는가?				
㉣ 해당 시스템의 기술적용에 따른 비용이 예산 범위 내에서 가능한가?				
세부 기술적용 지침				
	-이하 생략-			

계획표 제출일자 : 2015년 11월 10일	부서 :
계획표 작성일자 : 2015년 11월 10일	성명 :　　　　　　　　　　(인)

① ㉠

② ㉡

③ ㉢

④ ㉣

14 다음은 OO기업에서 기술경영자를 뽑기 위해 작성한 공개 채용 공고문이다. 그런데 그만 직무상 우대 능력 부분이 누락되었다. 아래 누락된 부분에 들어가야 할 능력으로 옳지 않은 것은?

우리기업 채용 공고문

담당업무 : 상세요강 참조　　　　　고용형태 : 정규직/경력 5년↑
근무부서 : 기술팀/서울　　　　　　모집인원 : 1명
전공 : △△학과　　　　　　　　　최종학력 : 대졸 이상
성별/나이 : 무관/40~50세　　　　급여조건 : 협의 후 결정

〈상세요강〉

(1) 직무상 우대 능력

　　(누락)

(2) 제출서류

　　• 이력서 및 자기소개서(경력중심으로 기술)

　　• 관련 자격증 사본(해당자만 첨부)

(3) 채용일정

　　서류전형 후 합격자에 한해 면접 실시

(4) 지원방법

　　본사 채용 사이트에서 이력서 및 자기소개서 작성 후 메일(fdskljl@wr.or.kr)로 전송

---

① 기술을 기업의 전반적인 전략 목표에 통합시키는 능력

② 기술을 효과적으로 평가할 수 있는 능력

③ 기술을 운용하거나 문제 해결을 할 수 있는 능력

④ 새로운 제품개발 시간을 단축할 수 있는 능력

▎15~17 ▎ 다음은 △△회사의 식기세척기 사용설명서 중 〈고장신고 전에 확인해야 할 사항〉의 일부 내용이다. 다음을 보고 물음에 답하시오.

이상증상	확인사항	조치방법
세척이 잘 되지 않을 때	식기가 서로 겹쳐 있진 않나요?	식기의 배열 상태에 따라 세척성능에 차이가 있습니다. 사용설명서의 효율적인 그릇배열 및 주의사항을 참고하세요.
	세척날개가 회전할 때 식기에 부딪치도록 식기를 수납하셨나요?	국자, 젓가락 등 가늘고 긴 식기가 바구니 밑으로 빠지지 않도록 하세요. 세척노즐이 걸려 돌지 않으므로 세척이 되지 않습니다.
	세척날개의 구멍이 막히진 않았나요?	세척날개를 청소해 주세요.
	필터가 찌꺼기나 이물로 인해 막혀 있진 않나요?	필터를 청소 및 필터 주변의 이물을 제거해 주세요.
	필터가 들뜨거나 잘못 조립되진 않았나요?	필터의 조립상태를 확인하여 다시 조립해 주세요.
	세제를 적정량 사용하셨나요?	적정량의 세제를 넣어야 정상적으로 세척이 되므로 적정량의 세제를 사용해 주세요.
	전용세제 이외의 다른 세제를 사용하진 않았나요?	일반 주방세제나 베이킹 파우더를 사용하시면 거품으로 인해 정상적 세척이 되지 않으며, 누수를 비롯한 각종 불량 현상이 발생할 수 있으므로 전용세제를 사용해 주세요.
동작이 되지 않을 때	문을 확실하게 닫았나요?	문 중앙을 딸깍 소리가 날 때까지 눌러 확실하게 닫아야 합니다.
	급수밸브나 수도꼭지가 잠겨 있진 않나요?	급수밸브와 수도꼭지를 열어주세요.
	단수는 아닌가요?	다른 곳의 수도꼭지를 확인하세요.
	물을 받고 있는 중인가요?	설정된 양만큼 급수될 때까지 기다리세요.
	버튼 잠금 표시가 켜져 있진 않나요?	버튼 잠금 설정이 되어 있는 경우 '헹굼/건조'와 '살균' 버튼을 동시에 2초간 눌러서 해제할 수 있습니다.

운전 중 소음이 날 때	내부에서 달그락거리는 소리가 나나요?	가벼운 식기들이 분사압에 의해 서로 부딪혀 나는 소리일 수 있습니다.
	세척날개가 회전할 때 식기에 부딪치도록 식기를 수납하셨나요?	동작을 멈춘 후 문을 열어 선반 아래로 뾰족하게 내려온 것이 있는지 등 식기 배열을 다시 해주세요.
	운전을 시작하면 '웅~' 울림 소음이 나나요?	급수전에 내부에 남은 잔수를 배수하기 위해 배수펌프가 동작하는 소리이므로 안심하고 사용하세요.
	급수시에 소음이 들리나요?	급수압이 높을 경우 소음이 발생할 수 있습니다. 급수밸브를 약간만 잠가 급수압을 약하게 줄이면 소리가 줄어들 수 있습니다.
냄새가 나는 경우	타는 듯한 냄새가 나나요?	사용 초기에는 제품 운전시 발생하는 열에 의해 세척모터 등의 전기부품에서 특유의 냄새가 날 수 있습니다. 이러한 냄새는 5~10회 정도 사용하면 냄새가 날아가 줄어드니 안심하고 사용하세요.
	세척이 끝났는데 세제 냄새가 나나요?	문이 닫힌 상태로 운전이 되므로 운전이 끝난 후 문을 열게 되면 제품 내부에 갇혀 있던 세제 특유의 향이 날 수 있습니다. 초기 본 세척 행정이 끝나면 세제가 고여 있던 물은 완전히 배수가 되며, 그 이후에 선택한 코스 및 기능에 따라 1~3회의 냉수행굼과 고온의 가열행굼이 1회 진행되기 때문에 세제가 남는 것은 아니므로 안심하고 사용하세요.
	새 제품에서 냄새가 나나요?	제품을 처음 꺼내면 새 제품 특유의 냄새가 날 수 있으나 설치 후 사용을 시작하면 냄새는 없어집니다.

15 △△회사의 서비스센터에서 근무하고 있는 Y씨는 고객으로부터 세척이 잘 되지 않는다는 문의전화를 받았다. Y씨가 확인해보라고 할 사항이 아닌 것은?

① 식기가 서로 겹쳐 있진 않습니까?
② 세척날개의 구멍이 막히진 않았습니까?
③ 타는 듯한 냄새가 나진 않습니까?
④ 전용세제 이외의 다른 세제를 사용하진 않았습니까?

16 식기세척기가 동작이 되지 않을 때의 조치방법으로 옳지 않은 것은?

① 문이 안 닫힌 경우에는 문 중앙을 딸깍 소리가 날 때까지 눌러 확실하게 닫는다.
② 급수밸브와 수도꼭지가 잠긴 경우에는 급수밸브와 수도꼭지를 열어준다.
③ 물을 받고 있는 경우에는 설정된 양만큼 급수될 때까지 기다린다.
④ 젓가락 등이 아래로 빠진 경우에는 식기배열을 다시 한다.

17 버튼 잠금 설정이 되어 있는 경우 이를 해제하려면 어떤 버튼을 눌러야 되는가?

① [세척]＋[동작/정지]
② [헹굼/건조]＋[살균]
③ [헹굼/건조]＋[예약]
④ [살균]＋[예약]

18 다음 조건을 순차적으로 처리할 때 다음 시스템에서 취해야 할 행동은 무엇인가?

〈조건〉

㉠ 레버 3개의 위치에 따라 다음과 같이 오류값을 선택한다. 오류값을 선택할 때에는 음영 처리가 된 오류값만 선택한다.
- 레버 3개 중 1개만 위로 올라가 있다. → 오류값 중 가장 큰 수와 가장 작은 수의 차이
- 레버 3개 중 2개만 위로 올라가 있다. → 오류값 중 가장 큰 수와 가장 작은 수의 합
- 레버 3개가 모두 위로 올라가 있다. → 오류값들의 평균값(소수 첫째자리에서 반올림)

㉡ 오류값에 따라 다음과 같이 상황을 판단한다.

오류값 허용 범위	상황	상황별 행동
오류값 < 5	안전	아무 버튼도 누르지 않는다.
5 ≤ 오류값 < 10	경고	파란 버튼을 누른다. 단, 올라간 레버가 2개 이상이면 빨간 버튼도 함께 누른다.
10 ≤ 오류값 < 15	위험	빨간 버튼을 모두 누른다.

㉢ 계기판 수치가 5 이하면 무조건 안전, 15 이상이면 무조건 경고

㉣ 음영 처리된 오류값이 2개 이하이면 한 단계 격하, 음영 처리된 오류값이 5개 이상이면 한 단계 격상

㉤ 안전단계에서 격하되어도 안전 상태를 유지, 위험단계에서 격상되어도 위험단계를 유지

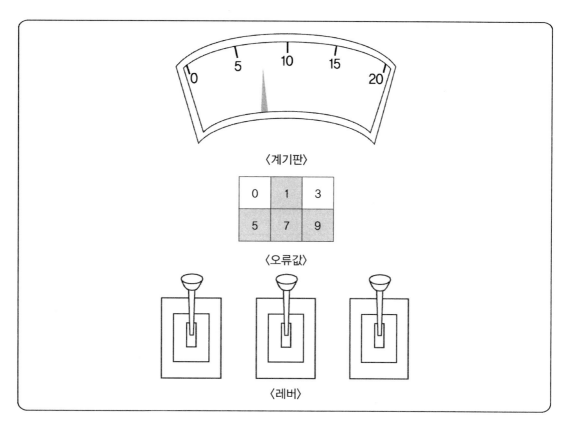

〈계기판〉

〈오류값〉

〈레버〉

① 아무 버튼도 누르지 않는다.

② 파란 버튼을 누른다.

③ 빨간 버튼을 누른다.

④ 파란 버튼과 빨간 버튼을 모두 누른다.

┃19~20┃ 다음 표를 참고하여 이어지는 물음에 답하시오.

스위치	기능
★	1번, 3번 도형을 시계 방향으로 90도 회전함
☆	2번, 4번 도형을 시계 방향으로 90도 회전함
▲	1번, 2번 도형을 시계 반대 방향으로 90도 회전함
△	3번, 4번 도형을 시계 반대 방향으로 90도 회전함
◆	1번, 4번 도형을 180도 회전함
◇	2번, 3번 도형을 180도 회전함

19 처음 상태에서 스위치를 두 번 눌렀더니 다음과 같이 바뀌었다. 어떤 스위치를 눌렀는가?

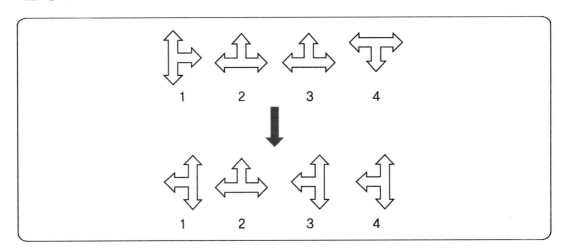

① ☆, ◇　　　　　　　　　　　　② ▲, ★

③ △, ◇　　　　　　　　　　　　④ ◆, △

20 처음 상태에서 스위치를 세 번 눌렀더니 다음과 같이 바뀌었다. 어떤 스위치를 눌렀는가?

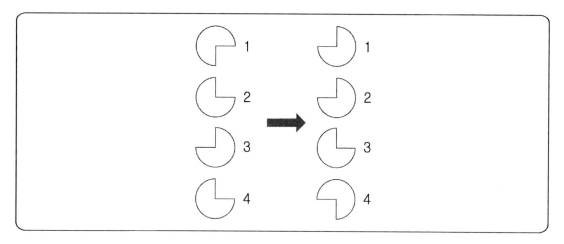

① ▲, ◆, △

② △, ★, ◇

③ ★, ▲, ◆

④ ★, ◇, △

PART

III

인성검사

01 인성검사의 개요

① 인성(성격)검사의 개념과 목적

인성(성격)이란 개인을 특징짓는 평범하고 일상적인 사회적 이미지, 즉 지속적이고 일관된 공적 성격 (Public-personality)이며, 환경에 대응함으로써 선천적·후천적 요소의 상호작용으로 결정화된 심리적· 사회적 특성 및 경향을 의미한다. 여러 연구 결과에 따르면 직무에서의 성공과 관련된 특성들은 개인의 능력보다 성격과 관련이 있다고 한다.

공기업에서는 인성검사를 통하여 각 개인이 어떠한 성격 특성이 발달되어 있고, 어떤 특성이 얼마나 부족 한지, 그것이 해당 직무의 특성 및 조직문화와 얼마나 맞는지를 알아보고 이에 적합한 인재를 선발하고자 한다. 또한 개인에게 적합한 직무 배분과 부족한 부분을 교육을 통해 보완하도록 할 수 있다.

현재 공기업들은 인성검사를 한국행동과학연구소나 한국에스에이치엘 등의 기관에 의뢰하여 시행하고 있 다. 한국수력원자력, 한국남동발전, 한국중부발전, 한국동서발전, 한국남부발전, 한국서부발전, 한국전력 기술, 한전원자력연료, 한전KDN, 한국석유공사, 한국토지공사, 한국가스공사, 한국방송공사(KBS), 한국 방송광고공사, 대한송유관공사, 한국기업평가, 법무부 등은 한국행동과학연구소에 인성검사를 의뢰하고 있는 곳이다.

인성검사의 문항은 각 개인의 특성을 알아보고자 하는 것으로 절대적으로 옳거나 틀린 답이 없다. 결과를 지나치게 의식하여 솔직하게 응답하지 않으면 과장 반응으로 분류될 수 있다. 그러므로 각 문항에 대해 자신의 생각이나 행동을 있는 그대로 솔직하게 나타내는 것이 가장 바람직하다.

인성검사의 측정요소는 검사방법에 따라 차이가 있다. 일부 기관의 경우는 보안을 위해 인성검사를 의뢰한 기업과 문항에 대한 공개를 하지 않아서 인성검사의 유형을 정확히 파악하는 것이 어렵다.

본 책에서는 일상생활에 활용할 수 있도록 고안된 자기보고식 성격유형지표인 MBTI와 인간의 행동유형 (성격)과 행동패턴을 파악하는데 유용한 DISC행동유형, U-K 검사에 대한 간략한 소개를 실었다.

② 인성검사 대책

(1) 솔직하게 있는 그대로 표현한다

인성검사는 평범한 일상생활 내용들을 다룬 짧은 문장과 어떤 대상이나 일에 대한 선호를 선택하는 문장으로 구성되었으므로 평소에 자신이 생각한 바를 너무 골똘히 생각하지 말고 문제를 보는 순간 떠오른 것을 표현한다.

(2) 모든 문제를 신속하게 대답한다

인성검사는 시간제한이 없는 것이 원칙이지만 일정한 시간제한을 두고 있다. 인성검사는 개인의 성격과 자질을 알아보기 위한 검사이기 때문에 정답이 없다. 다만, 해당 공기업에서 바람직하게 생각하거나 기대되는 결과가 있을 뿐이다. 따라서 시간에 쫓겨서 대충 대답을 하는 것은 바람직하지 못하다.

(3) 일관성 있게 대답한다

간혹 반복되는 문제들이 출제되기 때문에 일관성 있게 답하지 않으면 감점될 수 있으므로 유의한다. 실제로 공기업 인사부 직원의 인터뷰에 따르면 일관성이 없게 대답한 응시자들이 감점을 받아 탈락했다고 한다. 거짓된 응답을 하다보면 일관성 없는 결과가 나타날 수 있으므로 신속하고 솔직하게 체크하다 보면 일관성 있는 응답이 될 것이다.

(4) 마지막까지 집중해서 검사에 임한다

장시간 진행되는 검사에 지칠 수 있으므로 마지막까지 집중해서 정확히 답할 수 있도록 해야 한다.

02 실전 인성검사

▮1~365▮ 다음 ( ) 안에 당신에게 적합하다면 YES, 그렇지 않다면 NO를 선택하시오. (인성검사는 응시자의 인성을 파악하기 위한 자료이므로 정답이 존재하지 않습니다)

YES NO

1. 조금이라도 나쁜 소식은 절망의 시작이라고 생각해버린다. ·································( )( )
2. 언제나 실패가 걱정이 되어 어쩔 줄 모른다. ···( )( )
3. 다수결의 의견에 따르는 편이다. ··( )( )
4. 혼자서 커피숍에 들어가는 것은 전혀 두려운 일이 아니다. ····························( )( )
5. 승부근성이 강하다. ···( )( )
6. 자주 흥분해서 침착하지 못하다. ··( )( )
7. 지금까지 살면서 타인에게 폐를 끼친 적이 없다. ·····································( )( )
8. 소곤소곤 이야기하는 것을 보면 자기에 대해 험담하고 있는 것으로 생각된다. ·········( )( )
9. 무엇이든지 자기가 나쁘다고 생각하는 편이다. ·······································( )( )
10. 자신을 변덕스러운 사람이라고 생각한다. ···( )( )
11. 고독을 즐기는 편이다. ··( )( )
12. 자존심이 강하다고 생각한다. ··( )( )
13. 금방 흥분하는 성격이다. ··( )( )
14. 거짓말을 한 적이 없다. ··( )( )
15. 신경질적인 편이다. ···( )( )
16. 끙끙대며 고민하는 타입이다. ··( )( )
17. 감정적인 사람이라고 생각한다. ··( )( )
18. 자신만의 신념을 가지고 있다. ···( )( )
19. 다른 사람을 바보 같다고 생각한 적이 있다. ···( )( )
20. 금방 말해버리는 편이다. ··( )( )
21. 싫어하는 사람이 없다. ··( )( )
22. 대재앙이 오지 않을까 항상 걱정을 한다. ··( )( )
23. 쓸데없는 고생을 하는 일이 많다. ··( )( )

24. 자주 생각이 바뀌는 편이다. ··· (   )(   )

25. 문제점을 해결하기 위해 여러 사람과 상의한다. ······························· (   )(   )

26. 내 방식대로 일을 한다. ··· (   )(   )

27. 영화를 보고 운 적이 많다. ··· (   )(   )

28. 어떤 것에 대해서도 화낸 적이 없다. ·· (   )(   )

29. 사소한 충고에도 걱정을 한다. ·· (   )(   )

30. 자신은 도움이 안 되는 사람이라고 생각한다. ······································· (   )(   )

31. 금방 싫증을 내는 편이다. ··· (   )(   )

32. 개성적인 사람이라고 생각한다. ·· (   )(   )

33. 자기주장이 강한 편이다. ··· (   )(   )

34. 뒤숭숭하다는 말을 들은 적이 있다. ·· (   )(   )

35. 학교를 쉬고 싶다고 생각한 적이 한 번도 없다. ··································· (   )(   )

36. 사람들과 관계 맺는 것을 잘하지 못한다. ·· (   )(   )

37. 사려 깊은 편이다. ··· (   )(   )

38. 몸을 움직이는 것을 좋아한다. ·· (   )(   )

39. 끈기가 있는 편이다. ··· (   )(   )

40. 신중한 편이라고 생각한다. ·· (   )(   )

41. 인생의 목표는 큰 것이 좋다. ··· (   )(   )

42. 어떤 일이라도 바로 시작하는 타입이다. ·· (   )(   )

43. 낯가림을 하는 편이다. ··· (   )(   )

44. 생각하고 나서 행동하는 편이다. ·· (   )(   )

45. 쉬는 날은 밖으로 나가는 경우가 많다. ·· (   )(   )

46. 시작한 일은 반드시 완성시킨다. ·· (   )(   )

47. 면밀한 계획을 세운 여행을 좋아한다. ·· (   )(   )

48. 야망이 있는 편이라고 생각한다. ·· (   )(   )

49. 활동력이 있는 편이다. ··· (   )(   )

50. 많은 사람들과 왁자지껄하게 식사하는 것을 좋아하지 않는다. ··········· (   )(   )

YES　NO

51. 돈을 허비한 적이 없다. ···(　)(　)

52. 어릴적에 운동회를 아주 좋아하고 기대했다. ··(　)(　)

53. 하나의 취미에 열중하는 타입이다. ···(　)(　)

54. 모임에서 리더에 어울린다고 생각한다. ··(　)(　)

55. 입신출세의 성공이야기를 좋아한다. ···(　)(　)

56. 어떠한 일도 의욕을 가지고 임하는 편이다. ···(　)(　)

57. 학급에서는 존재가 희미했다. ··(　)(　)

58. 항상 무언가를 생각하고 있다. ···(　)(　)

59. 스포츠는 보는 것보다 하는 게 좋다. ··(　)(　)

60. '참 잘했네요'라는 말을 자주 듣는다. ···(　)(　)

61. 흐린 날은 반드시 우산을 가지고 간다. ···(　)(　)

62. 주연상을 받을 수 있는 배우를 좋아한다. ··(　)(　)

63. 공격하는 타입이라고 생각한다. ···(　)(　)

64. 리드를 받는 편이다. ···(　)(　)

65. 너무 신중해서 기회를 놓친 적이 있다. ···(　)(　)

66. 시원시원하게 움직이는 타입이다. ··(　)(　)

67. 야근을 해서라도 업무를 끝낸다. ··(　)(　)

68. 누군가를 방문할 때는 반드시 사전에 확인한다. ······································(　)(　)

69. 노력해도 결과가 따르지 않으면 의미가 없다. ··(　)(　)

70. 무조건 행동해야 한다. ··(　)(　)

71. 유행에 둔감하다고 생각한다. ··(　)(　)

72. 정해진 대로 움직이는 것은 시시하다. ··(　)(　)

73. 꿈을 계속 가지고 있고 싶다. ···(　)(　)

74. 질서보다 자유를 중요시하는 편이다. ···(　)(　)

75. 혼자서 취미에 몰두하는 것을 좋아한다. ···(　)(　)

76. 직관적으로 판단하는 편이다. ··(　)(　)

77. 영화나 드라마를 보면 등장인물의 감정에 이입된다. ································(　)(　)

78. 시대의 흐름에 역행해서라도 자신을 관철하고 싶다. ·······················( )( )

79. 다른 사람의 소문에 관심이 없다. ·····································( )( )

80. 창조적인 편이다. ··( )( )

81. 비교적 눈물이 많은 편이다. ··( )( )

82. 융통성이 있다고 생각한다. ···( )( )

83. 친구의 휴대전화 번호를 잘 모른다. ···································( )( )

84. 스스로 고안하는 것을 좋아한다. ······································( )( )

85. 정이 두터운 사람으로 남고 싶다. ·····································( )( )

86. 조직의 일원으로 별로 안 어울린다. ···································( )( )

87. 세상의 일에 별로 관심이 없다. ·······································( )( )

88. 변화를 추구하는 편이다. ···( )( )

89. 업무는 인간관계로 선택한다. ···( )( )

90. 환경이 변하는 것에 구애되지 않는다. ·································( )( )

91. 불안감이 강한 편이다. ···( )( )

92. 인생은 살 가치가 없다고 생각한다. ···································( )( )

93. 의지가 약한 편이다. ···( )( )

94. 다른 사람이 하는 일에 별로 관심이 없다. ·····························( )( )

95. 사람을 설득시키는 것은 어렵지 않다. ·································( )( )

96. 심심한 것을 못 참는다. ··( )( )

97. 다른 사람을 욕한 적이 한 번도 없다. ·································( )( )

98. 다른 사람에게 어떻게 보일지 신경을 쓴다. ···························( )( )

99. 금방 낙심하는 편이다. ···( )( )

100. 다른 사람에게 의존하는 경향이 있다. ································( )( )

101. 그다지 융통성이 있는 편이 아니다. ··································( )( )

102. 다른 사람이 내 의견에 간섭하는 것이 싫다. ·························( )( )

103. 낙천적인 편이다. ···( )( )

104. 숙제를 잊어버린 적이 한 번도 없다. ································( )( )

105. 밤길에는 발소리가 들리기만 해도 불안하다. ·································· (   )(   )

106. 상냥하다는 말을 들은 적이 있다. ··· (   )(   )

107. 자신은 유치한 사람이다. ··· (   )(   )

108. 잡담을 하는 것보다 책을 읽는 것이 낫다. ······························ (   )(   )

109. 나는 영업에 적합한 타입이라고 생각한다. ······························ (   )(   )

110. 술자리에서 술을 마시지 않아도 흥을 돋울 수 있다. ·················· (   )(   )

111. 한 번도 병원에 간 적이 없다. ··· (   )(   )

112. 나쁜 일은 걱정이 되어서 어쩔 줄을 모른다. ···························· (   )(   )

113. 금세 무기력해지는 편이다. ··· (   )(   )

114. 비교적 고분고분한 편이라고 생각한다. ·································· (   )(   )

115. 독자적으로 행동하는 편이다. ··· (   )(   )

116. 적극적으로 행동하는 편이다. ··· (   )(   )

117. 금방 감격하는 편이다. ·· (   )(   )

118. 어떤 것에 대해서는 불만을 가진 적이 없다. ···························· (   )(   )

119. 밤에 못 잘 때가 많다. ·· (   )(   )

120. 자주 후회하는 편이다. ·· (   )(   )

121. 뜨거워지기 쉽고 식기 쉽다. ··· (   )(   )

122. 자신만의 세계를 가지고 있다. ··· (   )(   )

123. 많은 사람 앞에서도 긴장하는 일은 없다. ······························· (   )(   )

124. 말하는 것을 아주 좋아한다. ··· (   )(   )

125. 인생을 포기하는 마음을 가진 적이 한 번도 없다. ·················· (   )(   )

126. 어두운 성격이다. ··· (   )(   )

127. 금방 반성한다. ··· (   )(   )

128. 활동범위가 넓은 편이다. ··· (   )(   )

129. 자신을 끈기 있는 사람이라고 생각한다. ································· (   )(   )

130. 좋다고 생각하더라도 좀 더 검토하고 나서 실행한다. ·················· (   )(   )

131. 위대한 인물이 되고 싶다. ··· (   )(   )

132. 한 번에 많은 일을 떠맡아도 힘들지 않다. ···································· ( )( )

133. 사람과 만날 약속은 부담스럽다. ·· ( )( )

134. 질문을 받으면 충분히 생각하고 나서 대답하는 편이다. ············ ( )( )

135. 머리를 쓰는 것보다 땀을 흘리는 일이 좋다. ·························· ( )( )

136. 결정한 것에는 철저히 구속받는다. ·· ( )( )

137. 외출 시 문을 잠갔는지 몇 번을 확인한다. ···························· ( )( )

138. 이왕 할 거라면 일등이 되고 싶다. ·· ( )( )

139. 과감하게 도전하는 타입이다. ·· ( )( )

140. 자신은 사교적이 아니라고 생각한다. ······································ ( )( )

141. 무심코 도리에 대해서 말하고 싶어진다. ·································· ( )( )

142. '항상 건강하네요'라는 말을 듣는다. ·· ( )( )

143. 단념하면 끝이라고 생각한다. ·· ( )( )

144. 예상하지 못한 일은 하고 싶지 않다. ······································ ( )( )

145. 파란만장하더라도 성공하는 인생을 걷고 싶다. ························ ( )( )

146. 활기찬 편이라고 생각한다. ·· ( )( )

147. 소극적인 편이라고 생각한다. ·· ( )( )

148. 무심코 평론가가 되어 버린다. ·· ( )( )

149. 자신은 성급하다고 생각한다. ·· ( )( )

150. 꾸준히 노력하는 타입이라고 생각한다. ·································· ( )( )

151. 내일의 계획이라도 메모한다. ·· ( )( )

152. 리더십이 있는 사람이 되고 싶다. ·· ( )( )

153. 열정적인 사람이라고 생각한다. ·· ( )( )

154. 다른 사람 앞에서 이야기를 잘 하지 못한다. ·························· ( )( )

155. 통찰력이 있는 편이다. ·· ( )( )

156. 엉덩이가 가벼운 편이다. ·· ( )( )

157. 여러 가지로 구애됨이 있다. ·· ( )( )

158. 돌다리도 두들겨 보고 건너는 쪽이 좋다. ······························ ( )( )

159. 자신에게는 권력욕이 있다. ·····································( )( )

160. 업무를 할당받으면 기쁘다. ·······································( )( )

161. 사색적인 사람이라고 생각한다. ·································( )( )

162. 비교적 개혁적이다. ···( )( )

163. 좋고 싫음으로 정할 때가 많다. ·································( )( )

164. 전통에 구애되는 것은 버리는 것이 적절하다. ············( )( )

165. 교제 범위가 좁은 편이다. ···( )( )

166. 발상의 전환을 할 수 있는 타입이라고 생각한다. ········( )( )

167. 너무 주관적이어서 실패한다. ···································( )( )

168. 현실적이고 실용적인 면을 추구한다. ·························( )( )

169. 내가 어떤 배우의 팬인지 아무도 모른다. ··················( )( )

170. 현실보다 가능성이다. ···( )( )

171. 마음이 담겨 있으면 선물은 아무 것이나 좋다. ···········( )( )

172. 여행은 마음대로 하는 것이 좋다. ······························( )( )

173. 추상적인 일에 관심이 있는 편이다. ··························( )( )

174. 일은 대담히 하는 편이다. ···( )( )

175. 괴로워하는 사람을 보면 우선 동정한다. ····················( )( )

176. 가치기준은 자신의 안에 있다고 생각한다. ·················( )( )

177. 조용하고 조심스러운 편이다. ···································( )( )

178. 상상력이 풍부한 편이라고 생각한다. ·························( )( )

179. 의리, 인정이 두터운 상사를 만나고 싶다. ·················( )( )

180. 인생의 앞날을 알 수 없어 재미있다. ························( )( )

181. 밝은 성격이다. ···( )( )

182. 별로 반성하지 않는다. ···( )( )

183. 활동범위가 좁은 편이다. ··( )( )

184. 자신을 시원시원한 사람이라고 생각한다. ··················( )( )

185. 좋다고 생각하면 바로 행동한다. ·······························( )( )

186. 좋은 사람이 되고 싶다. ···(   )(   )

187. 한 번에 많은 일을 떠맡는 것은 골칫거리라고 생각한다. ··············(   )(   )

188. 사람과 만날 약속은 즐겁다. ···(   )(   )

189. 질문을 받으면 그때의 느낌으로 대답하는 편이다. ······················(   )(   )

190. 땀을 흘리는 것보다 머리를 쓰는 일이 좋다. ···························(   )(   )

191. 결정한 것이라도 그다지 구속받지 않는다. ······························(   )(   )

192. 외출 시 문을 잠갔는지 별로 확인하지 않는다. ·························(   )(   )

193. 지위에 어울리면 된다. ··(   )(   )

194. 안전책을 고르는 타입이다. ··(   )(   )

195. 자신은 사교적이라고 생각한다. ···(   )(   )

196. 도리는 상관없다. ···(   )(   )

197. '침착하시네요'라는 말을 자주 듣는다. ···································(   )(   )

198. 단념이 중요하다고 생각한다. ···(   )(   )

199. 예상하지 못한 일도 해보고 싶다. ··(   )(   )

200. 평범하고 평온하게 행복한 인생을 살고 싶다. ·························(   )(   )

201. 몹시 귀찮아하는 편이라고 생각한다. ····································(   )(   )

202. 특별히 소극적이라고 생각하지 않는다. ·································(   )(   )

203. 이것저것 평하는 것이 싫다. ··(   )(   )

204. 자신은 성급하지 않다고 생각한다. ······································(   )(   )

205. 꾸준히 노력하는 것을 잘 하지 못한다. ·································(   )(   )

206. 내일의 계획은 머릿속에 기억한다. ······································(   )(   )

207. 협동성이 있는 사람이 되고 싶다. ··(   )(   )

208. 열정적인 사람이라고 생각하지 않는다. ·································(   )(   )

209. 다른 사람 앞에서 이야기를 잘한다. ·····································(   )(   )

210. 행동력이 있는 편이다. ··(   )(   )

211. 엉덩이가 무거운 편이다. ··(   )(   )

212. 특별히 구애받는 것이 없다. ··(   )(   )

213. 돌다리는 두들겨 보지 않고 건너도 된다. ································· ( )( )

214. 자신에게는 권력욕이 없다. ·· ( )( )

215. 업무를 할당받으면 부담스럽다. ····································· ( )( )

216. 활동적인 사람이라고 생각한다. ····································· ( )( )

217. 비교적 보수적이다. ·· ( )( )

218. 손해인지 이익인지로 정할 때가 많다. ····························· ( )( )

219. 전통을 견실히 지키는 것이 적절하다. ····························· ( )( )

220. 교제 범위가 넓은 편이다. ·· ( )( )

221. 상식적인 판단을 할 수 있는 타입이라고 생각한다. ················· ( )( )

222. 너무 객관적이어서 실패한다. ······································· ( )( )

223. 보수적인 면을 추구한다. ··· ( )( )

224. 내가 누구의 팬인지 주변의 사람들이 안다. ························ ( )( )

225. 가능성보다 현실이다. ·· ( )( )

226. 그 사람이 필요한 것을 선물하고 싶다. ···························· ( )( )

227. 여행은 계획적으로 하는 것이 좋다. ································ ( )( )

228. 구체적인 일에 관심이 있는 편이다. ································ ( )( )

229. 일은 착실히 하는 편이다. ·· ( )( )

230. 괴로워하는 사람을 보면 우선 이유를 생각한다. ···················· ( )( )

231. 가치기준은 자신의 밖에 있다고 생각한다. ························· ( )( )

232. 밝고 개방적인 편이다. ··· ( )( )

233. 현실 인식을 잘하는 편이라고 생각한다. ···························· ( )( )

234. 공평하고 공적인 상사를 만나고 싶다. ····························· ( )( )

235. 시시해도 계획적인 인생이 좋다. ···································· ( )( )

236. 적극적으로 사람들과 관계를 맺는 편이다. ························· ( )( )

237. 활동적인 편이다. ·· ( )( )

238. 몸을 움직이는 것을 좋아하지 않는다. ····························· ( )( )

239. 쉽게 질리는 편이다. ··· ( )( )

240. 경솔한 편이라고 생각한다. ··· (   )(   )

241. 인생의 목표는 손이 닿을 정도면 된다. ································· (   )(   )

242. 무슨 일도 좀처럼 시작하지 못한다. ····································· (   )(   )

243. 초면인 사람과도 바로 친해질 수 있다. ····························· (   )(   )

244. 행동하고 나서 생각하는 편이다. ··· (   )(   )

245. 쉬는 날은 집에 있는 경우가 많다. ····································· (   )(   )

246. 완성되기 전에 포기하는 경우가 많다. ······························· (   )(   )

247. 계획 없는 여행을 좋아한다. ··· (   )(   )

248. 욕심이 없는 편이라고 생각한다. ··· (   )(   )

249. 활동력이 별로 없다. ··· (   )(   )

250. 많은 사람들과 왁자지껄하게 식사하는 것을 좋아한다. ······· (   )(   )

251. 이유 없이 불안할 때가 있다. ··· (   )(   )

252. 주위 사람의 의견을 생각해서 발언을 자제할 때가 있다. ····· (   )(   )

253. 자존심이 강한 편이다. ··· (   )(   )

254. 생각 없이 함부로 말하는 경우가 많다. ····························· (   )(   )

255. 정리가 되지 않은 방에 있으면 불안하다. ························· (   )(   )

256. 거짓말을 한 적이 한 번도 없다. ··· (   )(   )

257. 슬픈 영화나 TV를 보면 자주 운다. ··································· (   )(   )

258. 자신을 충분히 신뢰할 수 있다고 생각한다. ····················· (   )(   )

259. 노래방을 아주 좋아한다. ··· (   )(   )

260. 자신만이 할 수 있는 일을 하고 싶다. ····························· (   )(   )

261. 자신을 과소평가하는 경향이 있다. ····································· (   )(   )

262. 책상 위나 서랍 안은 항상 깔끔히 정리한다. ··················· (   )(   )

263. 건성으로 일을 할 때가 자주 있다. ····································· (   )(   )

264. 남의 험담을 한 적이 없다. ··· (   )(   )

265. 쉽게 화를 낸다는 말을 듣는다. ··· (   )(   )

266. 초초하면 손을 떨고, 심장박동이 빨라진다. ······················· (   )(   )

267. 토론하여 진 적이 한 번도 없다. ┈┈┈┈┈┈┈┈┈┈┈┈┈┈┈┈┈┈ (　)(　)

268. 덩달아 떠든다고 생각할 때가 자주 있다. ┈┈┈┈┈┈┈┈┈┈┈┈ (　)(　)

269. 아첨에 넘어가기 쉬운 편이다. ┈┈┈┈┈┈┈┈┈┈┈┈┈┈┈┈ (　)(　)

270. 주변 사람이 자기 험담을 하고 있다고 생각할 때가 있다. ┈┈┈ (　)(　)

271. 이론만 내세우는 사람과 대화하면 짜증이 난다. ┈┈┈┈┈┈ (　)(　)

272. 상처를 주는 것도, 받는 것도 싫다. ┈┈┈┈┈┈┈┈┈┈┈┈┈ (　)(　)

273. 매일 그날을 반성한다. ┈┈┈┈┈┈┈┈┈┈┈┈┈┈┈┈┈┈┈ (　)(　)

274. 주변 사람이 피곤해 하여도 자신은 원기왕성하다. ┈┈┈┈┈ (　)(　)

275. 친구를 재미있게 하는 것을 좋아한다. ┈┈┈┈┈┈┈┈┈┈┈ (　)(　)

276. 아침부터 아무것도 하고 싶지 않을 때가 있다. ┈┈┈┈┈┈┈ (　)(　)

277. 지각을 하면 학교를 결석하고 싶어졌다. ┈┈┈┈┈┈┈┈┈┈ (　)(　)

278. 이 세상에 없는 세계가 존재한다고 생각한다. ┈┈┈┈┈┈┈ (　)(　)

279. 하기 싫은 것을 하고 있으면 무심코 불만을 말한다. ┈┈┈┈ (　)(　)

280. 투지를 드러내는 경향이 있다. ┈┈┈┈┈┈┈┈┈┈┈┈┈┈┈ (　)(　)

281. 뜨거워지기 쉽고 식기 쉬운 성격이다. ┈┈┈┈┈┈┈┈┈┈┈ (　)(　)

282. 어떤 일이라도 헤쳐 나가는데 자신이 있다. ┈┈┈┈┈┈┈┈ (　)(　)

283. 착한 사람이라는 말을 들을 때가 많다. ┈┈┈┈┈┈┈┈┈┈ (　)(　)

284. 자신을 다른 사람보다 뛰어나다고 생각한다. ┈┈┈┈┈┈┈ (　)(　)

285. 개성적인 사람이라는 말을 자주 듣는다. ┈┈┈┈┈┈┈┈┈┈ (　)(　)

286. 누구와도 편하게 대화할 수 있다. ┈┈┈┈┈┈┈┈┈┈┈┈┈ (　)(　)

287. 특정 인물이나 집단에서라면 가볍게 대화할 수 있다. ┈┈┈┈ (　)(　)

288. 사물에 대해 깊이 생각하는 경향이 있다. ┈┈┈┈┈┈┈┈┈ (　)(　)

289. 스트레스를 해소하기 위해 집에서 조용히 지낸다. ┈┈┈┈┈ (　)(　)

290. 계획을 세워서 행동하는 것을 좋아한다. ┈┈┈┈┈┈┈┈┈┈ (　)(　)

291. 현실적인 편이다. ┈┈┈┈┈┈┈┈┈┈┈┈┈┈┈┈┈┈┈┈┈┈ (　)(　)

292. 주변의 일을 성급하게 해결한다. ┈┈┈┈┈┈┈┈┈┈┈┈┈┈ (　)(　)

293. 이성적인 사람이 되고 싶다고 생각한다. ┈┈┈┈┈┈┈┈┈┈ (　)(　)

294. 생각한 일을 행동으로 옮기지 않으면 기분이 찜찜하다. ……………………………… (   )(   )

295. 생각했다고 해서 꼭 행동으로 옮기는 것은 아니다. ……………………………………… (   )(   )

296. 목표 달성을 위해서는 온갖 노력을 다한다. ………………………………………………… (   )(   )

297. 적은 친구랑 깊게 사귀는 편이다. …………………………………………………………… (   )(   )

298. 경쟁에서 절대로 지고 싶지 않다. …………………………………………………………… (   )(   )

299. 내일해도 되는 일을 오늘 안에 끝내는 편이다. …………………………………………… (   )(   )

300. 새로운 친구를 곧 사귈 수 있다. …………………………………………………………… (   )(   )

301. 문장은 미리 내용을 결정하고 나서 쓴다. ………………………………………………… (   )(   )

302. 사려 깊은 사람이라는 말을 듣는 편이다. ………………………………………………… (   )(   )

303. 활발한 사람이라는 말을 듣는 편이다. ……………………………………………………… (   )(   )

304. 기회가 있으면 꼭 얻는 편이다. ……………………………………………………………… (   )(   )

305. 외출이나 초면의 사람을 만나는 일은 잘 하지 못한다. ………………………………… (   )(   )

306. 단념하는 것은 있을 수 없다. ………………………………………………………………… (   )(   )

307. 위험성을 무릅쓰면서 성공하고 싶다고 생각하지 않는다. ……………………………… (   )(   )

308. 학창시절 체육수업을 좋아했다. ……………………………………………………………… (   )(   )

309. 휴일에는 집 안에서 편안하게 있을 때가 많다. …………………………………………… (   )(   )

310. 무슨 일도 결과가 중요하다. ………………………………………………………………… (   )(   )

311. 성격이 유연하게 대응하는 편이다. ………………………………………………………… (   )(   )

312. 더 높은 능력이 요구되는 일을 하고 싶다. ………………………………………………… (   )(   )

313. 자기 능력의 범위 내에서 정확히 일을 하고 싶다. ……………………………………… (   )(   )

314. 새로운 사람을 만날 때는 두근거린다. ……………………………………………………… (   )(   )

315. '누군가 도와주지 않을까'라고 생각하는 편이다. ………………………………………… (   )(   )

316. 건강하고 활발한 사람을 동경한다. ………………………………………………………… (   )(   )

317. 친구가 적은 편이다. …………………………………………………………………………… (   )(   )

318. 문장을 쓰면서 생각한다. ……………………………………………………………………… (   )(   )

319. 정해진 친구만 교제한다. ……………………………………………………………………… (   )(   )

320. 한 우물만 파고 싶다. …………………………………………………………………………… (   )(   )

321. 여러가지 일을 경험하고 싶다. ·· (　)(　)

322. 스트레스를 해소하기 위해 몸을 움직인다. ······························ (　)(　)

323. 사물에 대해 가볍게 생각하는 경향이 있다. ······························ (　)(　)

324. 기한이 정해진 일은 무슨 일이 있어도 끝낸다. ······················ (　)(　)

325. 결론이 나도 여러 번 생각을 하는 편이다. ······························ (　)(　)

326. 일단 무엇이든지 도전하는 편이다. ·· (　)(　)

327. 쉬는 날은 외출하고 싶다. ·· (　)(　)

328. 사교성이 있는 편이라고 생각한다. ·· (　)(　)

329. 남의 앞에 나서는 것을 잘 하지 못하는 편이다. ···················· (　)(　)

330. 모르는 것이 있어도 행동하면서 생각한다. ······························ (　)(　)

331. 납득이 안되면 행동이 안 된다. ·· (　)(　)

332. 약속시간에 여유를 가지고 약간 빨리 나가는 편이다. ·············· (　)(　)

333. 현실적이다. ·· (　)(　)

334. 끝까지 해내는 편이다. ··· (　)(　)

335. 유연히 대응하는 편이다. ·· (　)(　)

336. 휴일에는 운동 등으로 몸을 움직일 때가 많다. ······················ (　)(　)

337. 학창시절 체육수업을 못했다. ·· (　)(　)

338. 성공을 위해서는 어느 정도의 위험성을 감수한다. ·················· (　)(　)

339. 단념하는 것이 필요할 때도 있다. ·· (　)(　)

340. '내가 안하면 누가 할것인가'라고 생각하는 편이다. ················ (　)(　)

341. 새로운 사람을 만날 때는 용기가 필요하다. ··························· (　)(　)

342. 친구가 많은 편이다. ·· (　)(　)

343. 차분하고 사려깊은 사람을 동경한다. ······································ (　)(　)

344. 결론이 나면 신속히 행동으로 옮겨진다. ································· (　)(　)

345. 기한 내에 끝내지 못하는 일이 있다. ····································· (　)(　)

346. 이유없이 불안할 때가 있다. ··· (　)(　)

347. 주위 사람의 의견을 생각해서 발언을 자제할 때가 있다. ·········· (　)(　)

348. 자존심이 강한 편이다. ··· (   )(   )

349. 생각없이 함부로 말하는 경우가 많다. ·· (   )(   )

350. 정리가 되지 않은 방에 있으면 불안하다. ··································· (   )(   )

351. 거짓말을 한 적이 한 번도 없다. ·· (   )(   )

352. 슬픈 영화나 TV를 보면 자주 운다. ··· (   )(   )

353. 자신을 충분히 신뢰할 수 있다고 생각한다. ······························ (   )(   )

354. 노래방을 아주 좋아한다. ··· (   )(   )

355. 자신만이 할 수 있는 일을 하고 싶다. ······································· (   )(   )

356. 자신을 과소평가하는 경향이 있다. ·· (   )(   )

357. 화장실 청소가 즐겁다. ··· (   )(   )

358. 건성으로 일을 할 때가 자주 있다. ··· (   )(   )

359. 남의 험담을 한 적이 없다. ·· (   )(   )

360. 쉽게 화를 낸다는 말을 듣는다. ·· (   )(   )

361. 초조하면 손을 떨고, 심장박동이 빨라진다. ······························ (   )(   )

362. 토론하여 진 적이 한 번도 없다. ·· (   )(   )

363. 덩달아 떠든다고 생각할 때가 자주 있다. ··································· (   )(   )

364. 아첨에 넘어가기 쉬운 편이다. ·· (   )(   )

365. 주변 사람이 자기 험담을 하고 있다고 생각할 때가 있다. ············ (   )(   )

면접

01 면접의 기본

① 면접 준비

(1) 복장

면접에서는 무엇보다 첫인상이 중요하므로 지나치게 화려하거나 개성이 강한 스타일은 피하고 단정한 이미지를 심어주도록 한다. 면접시 복장은 지원하는 기업의 사풍이나 지원 분야에 따라 달라질 수 있으므로 미리 가서 성향을 파악하는 것도 도움이 된다.

① 남성

    ㉠ **양복**: 단색으로 하여 넥타이나 셔츠로 포인트를 주는 것이 효과적이며 색상은 감청색이 가장 품위 있어 보인다.

    ㉡ **셔츠**: 흰색을 가장 선호하나 자신의 피부색에 맞추는 것이 좋고, 푸른색이나 베이지색은 산뜻한 느낌을 준다.

    ㉢ **넥타이**: 남성이 복장에서 가장 포인트를 줄 수 있는 것으로 색과 폭까지 함께 고려하여 뚱뚱한 사람이 폭이 가는 넥타이를 매는 일이 없도록 한다.

    ※ **주의사항** … 우리나라의 경우 여름에는 반팔셔츠를 입는 것도 무난하나 외국계 기업일 경우 이는 실례가 된다. 또한 양말을 신을 경우 절대로 흰색은 피한다.

② 여성

    ㉠ **의상**: 단정한 스커트투피스 정장이나 슬랙스 슈트 정장도 무난하며 베이지나 그레이, 브라운 계열이 적당하다.

    ㉡ **소품**: 핸드백, 스타킹, 구두 등과 같은 계열로 코디하는 것이 좋으며 구두는 너무 높거나 낮은 굽을 피해 5cm 정도가 적당하다.

    ㉢ **액세서리**: 너무 크거나 화려한 것은 좋지 않으며, 많이 하는 것도 좋은 인상을 주지 못하므로 주의한다.

    ㉣ **화장**: 자연스럽고 밝은 이미지를 표현하는 것이 좋으며 진한 화장은 인상이 강해보일 수 있으므로 피하자.

(2) 목소리

면접은 주로 면접관과 지원자의 대화로 이루어지므로 음성이 미치는 영향은 상당하다. 답변을 할 때에 부드러우면서도 활기차고 생동감 있는 목소리로 하면, 상대방에게 호감을 줄 수 있으며 여기에 적당한 제스처가 더해진다면 상승효과를 이룰 수 있다. 그러나 적절한 답변을 하였어도 콧소리나 날카로운 목소리는 답변의 신뢰성을 떨어뜨릴 수 있으며 불쾌감을 줄 수 있다.

(3) 사진

이력서용 사진의 경우 최근 3개월 이내에 찍은 증명사진이어야 하며 증명사진이 아닌 일반 사진을 오려서 붙이는 것은 예의가 아니다. 요즘 입사원서를 온라인으로 받는 경우가 많아졌는데 이때 주의할 것은 사진을 첨부하는 것이다. 이력서에 사진을 붙이는 것은 기본이며 붙이지 않을 경우 컴퓨터 사용능력이 부족한 것으로 판단될 수 있으므로 꼭 확인하자.

① 회사에 대한 지원자의 열의를 엿볼 수 있는 것이 사진이다. 당신이 인사 담당자라면 스펙이 비슷할 때 캐주얼 복장의 어두운 표정의 사람과 깔끔한 정장에 단정한 머리, 활기찬 표정의 사람 중 누구를 뽑겠는가. 우리를 사용하기 위해 평가하는 이의 입장에서 생각해 보자. 면접관도 감성이 있는 사람이라는 것을 생각해 보았을 때 군이 나의 무성의함으로 불쾌감을 주지 말고 정성껏 준비하여 가장 좋은 모습을 보여주자.

② 만일 사진과 실물이 너무 다르다면 면접관은 우리의 진실성을 의심할 수도 있다. 포토샵으로 과대 포장한 나의 모습보다는 현실을 진솔에게 보여주는 것이 차라리 낫다.

③ 취업용 사진을 전문으로 하는 사진관이라고 할지라도 전적으로 믿고 맡겼다가는 큰 낭패를 볼 것이다. 재촬영을 하고 싶지 않으면 사진 촬영 후 기사와 함께 선별 작업을 하라. 맘에 드는 사진이 나오지 않았다면 당당하게 재촬영을 요구할 줄도 알아야 한다. 촬영 시 정장은 필수다. 하지만 너무 눈에 띄는 줄무늬, 남자의 경우 광택이 심한 정장 등은 피하는 것이 좋다. 또 남성들은 약간의 메이크업을 시도해 볼 기회이기도 하다. 특히 여성의 경우 얼짱 포즈는 자제하는 것이 좋고, 사진은 최근 3개월 이내의 것이 좋다. 그리고 폰, 화상 카메라 등으로 찍지 말자.

(4) 이력서 작성 시 놓치기 쉬운 사항

모집공고에 간혹 '희망연봉을 명시하시오', '지망부서를 쓰시오' 등과 같은 요구 사항들이 있다. 이런 기업의 요구사항들을 제대로 파악하지 못하거나 무시한 채, 그냥 한번 넣어본다는 듯이 작성된 이력서는 인사 담당자들의 눈 밖에 날 것이다. 특히 이곳저곳 이력서를 뿌리는 가운데 다른 기업의 이름이 들어가게 되거나, 받는 사람의 이메일 주소가 여러 곳인 것을 인사담당자가 확인한다면 그 결과는 뻔하다. 이외에도 오타가 많은 이력서는 지원자의 무성의함을 부각시킨다. 한, 두 번만 읽어봐도 오타를 바로 잡을 수 있기 때문이다.

❷ 면접 시 준비사항

(1) 지원회사에 대한 사전지식을 습득한다.

필기시험에 합격하거나 서류전형을 통과하면 보통 합격 통지 이후 면접시험 날짜가 정해진다. 이때 지원자는 면접시험을 대비해 본인이 지원한 계열사 또는 부서에 대해 다음과 같은 사항 정도는 알고 있는 것이 좋다.

① 회사의 연혁

② 회장 또는 사장의 이름, 출신학교, 전공과목 등

③ 회사에서 요구하는 신입사원의 인재상

④ 회사의 사훈, 사시, 경영이념, 창업정신

⑤ 회사의 대표적 상품과 그 특색

⑥ 업종별 계열 회사의 수

⑦ 해외 지사의 수와 그 위치

⑧ 신제품에 대한 기획 여부

⑨ 지원자가 평가할 수 있는 회사의 장·단점

⑩ 회사의 잠재적 능력 개발에 대한 각종 평가

(2) 충분한 수면을 취해 몸의 상태를 최상으로 유지한다.

면접 전날에는 긴장하거나 준비가 미흡한 것 같아 잠을 설치게 된다. 이렇게 잠을 잘 자지 못하면 다음날 일어났을 때 피곤함을 느끼게 되고 몸 상태도 악화된다. 게다가 잠을 잘 못 잘 경우, 얼굴이 부스스하거나 목소리에 영향을 미칠 수 있으며 자신도 모르게 멍한 표정을 지을 수도 있다. 가능한 숙면을 취하고 안정적인 상태에서 면접에 임하는 것이 좋다.

(3) 아침에 정보를 확인한다.

경제, 정치, 문화 등과 같은 시사 상식은 최근의 것을 질문하기 쉽다. 아침에 일어나서 뉴스 등을 유의해서 보고 자신의 생각을 정리해 두는 것이 좋다. 또한 면접일과 인접해 있는 국경일이나 행사 등이 있다면 그에 따른 생각을 정리해 두면 좋다.

❸ 면접 시 유의사항

(1) 첫인상이 중요하다.

면접에서는 처음 1~2분 동안에 당락의 70% 정도가 결정될 정도로 첫인상이 중요하다고 한다. 그러므로 지원자는 자신감과 의지, 재능 등을 보여주어야 한다. 그리고 면접자와 눈을 맞추고 그가 설명을 하거나 말을 하면 적절한 반응을 보여준다.

(2) 절대 지각해서는 안 된다.

우선 면접장소가 결정되면 교통편과 소요시간을 확인하고 가능하다면 미리 방문해 보는 것도 좋다. 당일 날에는 서둘러서 출발하여 면접 시간 10~15분 일찍 도착하여 회사를 둘러보고 환경에 익숙해지는 것이 좋다.

(3) 면접대기시간의 행동도 평가된다.

지원자들은 대부분 면접실에서만 평가 받는다고 생각하나 절대 그렇지 않다. 면접진행자는 대부분 인사실무자이며 당락에 영향을 준다. 짧은 시간 동안 사람을 판단하는 것은 힘든 일이라 면접자는 지원자에 대한 평가에 대한 확신을 위해 타인의 의견을 듣고자 한다. 이때 면접진행자의 의견을 참고하므로 면접대기시간에도 행동과 말을 조심해야 한다. 또한, 면접을 마치고 돌아가는 그 순간까지도 행동과 말에 유의하여야 한다. 황당한 질문에 답변은 잘 했으나 복도에 나와서 흐트러진 모습을 보이거나 욕설을 하는 것도 다 평가되므로 주의한다.

(4) 입실한 후에는 공손한 태도를 취한다.

① 본인 차례가 되어 호명되면 대답을 또렷하게 하고 들어간다. 만약 문이 닫혀있다면 상대에게 소리가 들릴 수 있을 정도로 노크를 두 번 한 후 대답을 듣고 나서 들어간다.

② 문을 여닫을 때에는 소리가 나지 않게 조용히 하며 공손한 자세로 인사한 후 성명과 수험번호를 말하고 면접관의 지시에 따라 자리에 앉는다. 이 경우 자리에 착석하라는 말이 없는데 의자에 앉으면 무례한 사람처럼 보일 수 있으므로 주의한다.

③ 의자에 앉을 때는 끝에 걸터앉지 말고 안쪽으로 깊숙이 앉아 무릎 위에 양손을 가지런히 얹는 것이 좋다.

(5) 대답하기 난해한 개방형 질문도 반드시 답변을 해야 한다.

① 면접관의 질문에는 예, 아니오로 답할 수 있는 단답형도 있으나, 정답이 없는 개방형 질문이 있을 수 있다. 단답형 질문의 경우에는 간단명료하면서도 그렇게 생각하는 이유를 밝혀주는 것이 좋다. 그러나 개방형 질문은 평소에 충분히 생각하지 못했던 내용이라면 답변을 하기 힘들 수도 있다. 하지만 반드시 답변을 해야 한다. 자신의 생각이나 입장을 밝히지 않을 경우 소신이 없거나 혹은 분명한 입장이나 가치를 가지고 있지 않은 사람으로 비쳐질 수 있다. 답변이 바로 떠오르지 않는다면, "잠시 생각을 정리할 시간을 주시겠습니까?"하고 요청을 해도 괜찮다.

② 평소에 잘 알고 있는 문제라면 답변을 잘 할 수 있을 것이다. 그러나 이런 경우 주의할 것은 면접자와 가치 논쟁을 할 필요가 없다는 것이다. 정답이 정해져 있지 않은 경우에는 가치관이나 성장배경에 따라 문제를 받아들이는 태도에서 답변까지 충분히 차이가 있을 수 있다. 그런데 그것을 굳이 지적하고 고치려 드는 것은 좋지 않다.

(6) 답변은 자신감과 의지가 드러나게 한다.

면접을 하다 보면 미래를 예측해야 하는 질문이 있다. 이때에는 너무 많은 상황을 고려하지 말고, 자신감 있는 내용으로 긍정문으로 답변하는 것이 좋다.

(7) 자신의 장단점을 잘 알고 있어야 한다.

면접을 하다 보면 나에 대해서 부정적인 말을 해야 될 경우가 있다. 이때에는 자신의 약점을 솔직하게 말하되 너무 자신을 비하하지 말아야 한다. 그리고 가능한 단점을 짧게 말하고 뒤이어 장점을 말하는 것이 좋다.

(8) 대답은 항상 정직해야 한다.

면접이라는 것이 아무리 본인의 장점을 부각시키고 단점을 축소시키는 것이라고 해도 절대로 거짓말을 해서는 안 된다. 거짓말을 하게 되면 지원자는 불안하거나 꺼림칙한 마음이 남아 있어 면접에 집중하지 못하게 되고 면접관을 그것을 놓치지 않는다. 거짓말은 그 사람에 대한 신뢰성을 떨어뜨리며 이로 인해 다른 조건이 좋다하더라도 탈락할 수 있다.

(9) 지원동기에는 가치관이 반영되어야 한다.

면접에서 거의 항상 물어보는 질문은 지원동기에 관한 것이다. 어떤 응시자들은 이 질문을 대수롭지 않게 여기거나, 중요한 것은 알지만 적당한 내용을 찾지 못해 추상적으로 답변하는 경우가 많다. 이런 경우 면접관들은 응시자의 생각을 알 수 없거나 성의가 없다고 생각하기 쉬우므로 그 내용 안에 자신의 가치관이 내포되도록 답변한다. 이러한 답변은 면접관에게 응시자가 직업을 통해 자신의 가치관을 실현하기 위한 과정이라는 인상을 주게 되므로 적극적인 삶의 자세를 볼 수 있게 한다.

⑽ 경력직일 경우 전(前) 직장에 대한 험담은 하지 않는다.

응시자에게 이전 직장에서 무슨 일이 있었는지, 그곳 상사들이 어땠는지 등은 그다지 면접관이 궁금해 하는 사항이 아니다. 전 직장에 대해 험담을 늘어놓는다든가, 동료와 상사들에 대한 악담을 하게 된다면 오히려 부정적인 이미지를 심어 줄 수 있다. 만약 전 직장에 대한 말을 할 필요성이 있다면 가능한 객관적으로 이야기하는 것이 좋다.

⑾ 대답시의 유의사항

① 질문이 주어지자 말자 답변하는 것은 미리 예상한 답을 잊어버리기 전에 말하고자하는 것으로 오인할 수 있으며, 침착하지 못하고 즉흥적으로 비춰지기 쉽다.

② 질문에 대한 답변을 할 때에는 면접관과의 거리를 생각해서 너무 작게 하는 것은 좋지 않으나 큰소리로 이야기하면 면접관이 부담을 느끼게 된다. 자신 있는 답변이라고 해서 너무 빠르게 많이 말하지 않아야 하며, 자신의 답변이 적당하지 못했다고 느꼈을 경우 머리를 만지거나 혀를 내미는 등의 행동은 좋지 못하다. 그리고 정해진 답변 외에 적절하지 않은 농담은 경망스러워 보이거나 취업에 열의가 없어 보이기도 한다.

③ 가장 중요한 것은 올바른 언어의 구사이다. 존대어와 겸양어를 혼동하기도 하고 채팅어를 자기도 모르게 사용하기도 하는 데이는 면접 실패의 원인이 될 수 있다.

⑿ 옷매무새를 자주 고치지 마라.

여성들의 경우 이러한 모습이 특히 두드러지는데 외모에 너무 신경을 쓰거나 긴장하여 머리를 계속 쓸어올리거나 치마 끝을 만지작거리는 경우가 있다. 특히 너무 짧은 치마를 입고서 치마를 끌어 내리는 행동은 좋지 못하다.

⒀ 다리를 떨거나 산만한 시선은 금물이다.

① 자신도 모르게 다리를 떨거나 손가락을 만지는 등의 행동을 하는 사람들이 많다. 이는 면접관의 주의를 끌 뿐만 아니라 불안하고 산만한 사람이라는 느낌을 주게 된다.

② 면접관과 시선을 맞추지 못하고 여기저기 둘러보는 듯한 산만한 시선은 거짓말을 하고 있다고 여기거나 신뢰성이 떨어진다고 생각하기 쉽다.

⒁ 질문의 기회를 활용하자.

면접관이 "면접을 마치겠네." 혹은 "면접과는 상관없는 것인데…."하면서 질문을 유도하기도 하다. 이 경우 면접관이 하는 말은 지원자를 안심시켜 마음을 알고자 하는 것으로 거기에 넘어가서는 안 된다. "물어볼 것이 있나?"라는 말은 우리 회사에서 가장 관심이 있는 것이 무엇이냐라는 말과 같은 의미이므로 유급휴가나 복리후생에 관한 질문 등을 하게 되면 일보다는 휴가에 관심이 많은 사람이라는 인식을 주게 된다. 이런 내용들은 다른 정보망을 활용하여 미리 파악해 두는 것이 좋으므로 업무에 관련된 질문으로 하고자 하는 일의 예를 들면서, 합격시에 하는 일을 구체적으로 설명해 달라고 하거나 업무를 잘 수행하기위해서 필요한 능력 등을 물어보는 것이 좋다.

④ 자기소개시 유의사항

면접에서 빠지지 않는 것이 자기소개를 간단히 해보라는 것이다. 이럴 때 꼭 해야 할 말은 무엇이며 피해야할 말은 무엇인가? 면접관의 모든 질문이 그러하듯 이 질문에 숨겨진 의도만 알아낸다면 쉽게 풀어 갈수 있다. 자기소개라는 것은 매우 추상적이며 넓은 의미를 포괄한다. 자신의 이름에 얽힌 사연이나 어릴적의 추억, 고향, 혈액형 등 지원자에 관한 일이라면 모두 자기소개가 될 수 있다. 그러나 이는 면접관이원하는 대답이 아니다. 면접관은 지원자의 신상명세를 알고 싶은 것이 아니라 지원자가 지금껏 해온 일을통해 그 사람 됨됨이를 알고자 하는 것이기 때문이다. 다음 유형은 지원자들이 면접시 자기소개를 할 때취하기 쉬운 태도들이다. 예시를 살펴본 후 자신의 방법과 비교해 보고 적절한 방법을 찾도록 하자.

⑴ 자신의 집안에 대해 자랑하는 사람

자신의 부모나 형제 등 집안 사람들이 사회·경제적으로 어떠한 위치에 있는지를 서술하는 유형으로 자신도 대단한 사람이라는 것을 강조하고 싶은 것일지 모르나 면접관에게는 의존적이며 나약한 사람으로 비춰지기 쉽다.

⑵ 대답을 하지 못하는 사람

면접관의 질문에는 난이도가 있어서 대답하기 힘든 문제도 분명히 있을 것이다. 그러나 이는 어려운 것이지 난처한 문제는 아니다. 그러나 면접관이 당신에게 "지금까지 무슨 일을 해왔습니까?"하고 묻는다면 바로 대답을 하지 못하고 머뭇거리게 될 것이다. 20여 년을 넘게 살아오면서 '나는 무슨 일을 했으며 어떻게 대답해야 하는가?'라는 생각이 들 것이다. 이는 단순히 그 사람의 행적을 말하는 것이 아니라 그 속에서 그 사람의 가치관과 자아정체성을 판별하기 위한 것이다. 평소에 끊임없이 이런 질문을 스스로 던져자신이 원하는 것을 파악하고 직업도 관련된 쪽으로 구하고자 하면 막힘없이 대답할 수 있을 것이다.

(3) 자신이 한 일에 대해서 너무 자세하게 이야기하는 사람

오늘아침부터 한 일을 말하라고 해도 10분 안에 이야기하는 것은 힘들 것이다. 면접은 필기시험과 마찬가지로 시간이 정해져 있고 그 시간을 효율적으로 활용하여 자신을 내보이는 것이다. 그러나 이러한 사람들은 그것은 생각하지 않고 적당하지 않은 말까지 많이 하여 시간이 부족하다고 하는 사람들이다. 이와 비슷한 사람들 중에는 자기가 지금껏 해온 일을 무조건 늘어놓는 사람들이다. 이들은 자신이 한 일을 열거하면서 모든 일에 열의가 있는 사람이라고 생각해주길 바라지만 단순 나열일 뿐 면접관들에게 강한 인상을 남기지 못한다.

(4) 너무 오래된 추억을 이야기하는 사람

면접에서 초등학교 시절의 이야기를 하는 사람은 어떻게 비춰질까? 그 이야기가 지금까지도 영향을 미치고 있다면 괜찮지만 단순히 일회성으로 그친다면 너무 동떨어진 이야기가 되버린다. 가능하면 최근의 이야기를 하는 것이 강렬한 인상을 남길 수 있다.

⑤ 면접에 대한 궁금증

(1) 1차, 2차 면접의 질문이 같다면 대답도 똑같아야 하나요?

면접관의 질문이 같다면 일부러 대답을 바꿀 필요는 없다. 1차와 2차의 면접관이 다르다면 더욱 그러하며 면접관이 같더라도 완전히 다른 대답보다는 대답의 방향을 조금 바꾸거나, 예전의 질문에서 더욱 구체적으로 파고드는 대답이 좋다.

(2) 제조회사의 면접시험에서 지금 사용하고 있는 물건이 어느 회사의 제품인지를 물었을 때, 경쟁회사의 제품을 말해도 괜찮을까요?

타사 특히 경쟁사의 제품을 거론하는 것을 좋아할 만한 면접관은 한 명도 없다. 그러나 그 제품의 장단점까지 분석할 수 있고 논리적인 설명이 가능하다면 경쟁회사의 제품을 거론해도 무방하다. 만약 면접을 보는 회사의 제품을 거론할 때 장단점을 설명하지 못하면, 감점요인까지는 아니지만 좋은 점수를 받기는 힘들다.

(3) 면접관이 '대답을 미리 준비했군요'라는 말을 하면 어떻게 해야 할까요?

외워서 답변하는 경우에는 면접관의 눈을 똑바로 보고 말하기가 힘들며, 잊어버리기 전에 말하고자 하여 말의 속도가 빨라진다. 면접에서는 정답이 표면적으로 드러나 있는 질문보다는 지원자의 생각을 묻는 질문이 많으므로 면접관의 질문을 새겨듣고 요구하는 바를 파악한 후 천천히 대답한다.

(4) 아버지의 직업이 나와 무슨 관계가 있습니까?

이는 면접관이 지원자의 아버지 직업이 궁금해서 묻는 것이 아니다. 이 대답을 통해서 지원자가 자식으로서 아버지를 얼마나 이해하고 있는가와 함께 사회인으로서 다른 직장인을 얼마나 이해하고 포용할 수 있는가를 확인하는 것이다. 아버지의 직업만을 이야기하지 말고 그에 따른 자신의 생각을 밝히는 것이 좋다.

(5) 집단면접에서 면접관이 저에게 아무런 질문도 하지 않았습니다. 그 이유는 무엇인가요?

이력서와 자기소개서는 면접의 기본이 되며 이력서의 내용이 평범하거나 너무 포괄적이라면 면접관은 지원자에게 궁금증이 생기지 않는다. 그러므로 이력서는 구체적이면서 개성적으로 자신을 잘 드러낼 수 있는 내용을 강조해서 작성하는 것이 중요하다.

(6) 면접관에게 좋은 인상을 남기기 위해서는 어떻게 하는 것이 좋을까요?

면접관은 성실하고 진지한 지원자를 대할 경우 고개를 끄덕이거나 신중한 표정을 짓는다. 그러므로 지나치게 가벼워 보이거나 잘난 척하는 자세는 바람직하지 않다

(7) 질문에 대한 답변을 다 하지 못하였는데 면접관이 다음 질문으로 넘어가 버리면 어떻게 할까요?

면접에서는 간단명료하게 자신의 의견을 일관성 있게 밝히는 것이 중요하다. 두괄식으로 주제를 먼저 제시하는데 서론이 길면 지루해져 다음 질문으로 넘어갈 수 있다.

(8) 면접에서 실패한 경우에, 역전시킬 수 있는 방법이 있을까요?

지원자 스스로도 면접에서 실패했다고 느끼는 경우가 종종 있다. 이런 경우에는 당황하여 인사를 잊기도 하나 그 때 당황하지 말고 정중하게 인사를 하면 또 다른 인상을 심어줄 수 있다. 면접관은 당신이 면접실에 들어서는 순간부터 나가는 순간까지 당신을 지켜보고 있다는 사실을 기억해야 한다.

❻ 면접에서의 공통 질문

대부분의 기업들이 아래 세 가지를 반드시 질문한다.

(1) 자기소개를 해보세요.

자기소개시 정말로 자기 신상에 관해서만 소개하거나, 장점만 나열하는 것은 좋지 않다. 처음부터 업계, 회사, 담당 직무에 많은 관심을 가지고 준비해왔음을 보여주자.

(2) 당사에 지원하게 된 동기를 말씀해주세요.

이 경우도 마찬가지다. 회사에 대한 개인적인 생각이나 취향을 이유로, 또는 회사가 업계에서 유명한 곳이기 때문에 지원했다고 답하지 말자. 해당 산업의 현실, 회사의 당면 과제 등을 파악해서 이에 대한 필요를 채워줄 수 있는 나의 장점을 설득력 있는 예를 들어 제시하자. 이를 통해 내가 회사에 필요한 인재이기 때문에 지원했음을 알려주는 것이다.

(3) (경력의 경우) 이직의 동기가 무엇입니까?

이 경우 이전 회사나, 직장 동료에 대한 부정적인 언급은 하지 말자.

위의 질문들 다음으로 가장 빈도수가 높은 질문은 "마지막으로 하실 말씀 있으면 해보세요."이다. 면접을 마칠 때 이 질문을 들으며 '이제는 끝났구나!'하고 입사 후 포부의 잘못 된 예처럼, '만약 합격한다면 최선을 다하겠습니다.' 등의 막연한 말들을 늘어놓지 말자. 대신에 해당 분야와 기업의 현황 등을 간략하게 말하고 이 속에서 내가 나아가야 할 방향과 담당 직무를 위해 준비해야 할 것들을 묻자. 이렇게 한다면 마지막까지 좋은 인상을 심어줄 수 있을 것이다.

아래는 시사상식, 직무와 개인 신상에 관한 특수한 질문은 제외하고 각 기업별로 출제 빈도가 높은 질문들을 모아보았다. 대부분의 기업에서 공통으로 질문하는 것들은 반드시 준비해 두자.

> **기업 공통으로 출제 빈도가 높은 질문**
> ㉠ 지방 근무 가능하십니까?
> ㉡ 가족관계를 설명해 보세요.
> ㉢ 자신의 성격의 장단점을 말해보세요.
> ㉣ 입사 후 어떤 일을 하고 싶습니까?
> ㉤ 노조에 대해서 어떻게 생각하십니까?
> ㉥ 그 직무에 지원한 이유가 무엇입니까?
> ㉦ 당사에 대해 아는 대로 말해보세요.
> ㉧ 본인의 장점을 말해보세요.
> ㉨ 주량은 어떻게 됩니까?

02 면접기출

1 최근 면접기출

① 에너지 자립섬이 무엇인지 설명해보시오.

② 국익과 사익 중 무엇이 더 중요하다고 생각하는가?

③ 우리나라에서 향후 20년 동안 발전할 산업에는 무엇이 있다고 생각하는가?

④ 온도가 0도보다 2배 추운 온도는 몇 도인지 말해보시오.

⑤ 유도장해의 종류에는 무엇이 있는지 설명해보시오.

⑥ 온실가스의 감축방안에 대해 설명해보시오.

⑦ 귀하는 가훈이 있는가? 가훈이 생기게 된 배경과 현재 가훈을 지키고 있는지에 대해 말해보시오.

⑧ 신재생에너지 확대 방안에 대하여 말해보시오.

⑨ 한전의 해외사업에 대해서 말해보시오.

⑩ 추후 10년 안에 석탄발전을 못하게 되는데 그럼 한전은 앞으로 무엇으로 먹고 살아야 하는지 말해보시오.

⑪ ESS에 대해 설명해보시오.

⑫ 한전의 마스코트 이름을 말해보시오.

⑬ 한전의 본사 주소를 말해보시오.

⑭ 전기요금을 어떻게 계산하는지 설명해보시오.

⑮ 집에서 전기요금고지서를 본 적 있습니까? 그렇다면 고지서에서 본 것을 말해보시오.

⑯ 집에서 전기가 고장 나면 몇 번으로 전화를 걸어야 하는지 말해보시오.

⑰ 누진제에 대한 국민들의 불만 원인이 무엇이라고 생각하는지 말해보시오.

⑱ 전기차단기는 어떤 물질을 사용하여 어떤 원리로 차단하는지 설명해보시오.

⑲ 가공전선과 지중전선의 구조와 절연물질에 대하여 설명해보시오.

⑳ 고리원전의 문제점에 대하여 말해보시오.

㉑ 한전의 경쟁사가 어디라고 생각하는지 말해보시오.

㉒ 귀하의 직업관에 대해 설명해보시오.

㉓ 야근을 시킨다면 어떻게 하겠는가?

㉔ 존경하는 인물은 누구인지 그 이유까지 말해보시오.

㉕ 무효전력과 유효전력에 대하여 설명해보시오.

㉖ 최근 한전과 관련된 기사나 뉴스를 본 게 있다면 그에 대한 본인의 생각과 함께 말해보시오.

㉗ 외부인의 시선으로 볼 때 한전의 이미지가 어떤지, 장·단점을 말해보시오.

㉘ 한전이 앞으로 어떤 방향으로 발전해 나가야 하는지, 어떤 시장을 공략해야 할 것인지에 대한 본인의 생각을 말해보시오.

2 과년도 면접기출

① 자신만이 가지고 있는 자랑거리를 말해보시오.
② 한전 본사에 대해 알고 있는 대로 설명하시오.
③ 직장 선택 시 가장 중요하게 생각하는 것은 무엇인가?
④ 10년 후 오늘 어디서 무엇을 하고 있을 것이라고 생각하는가?
⑤ 입사 후 비연고지인 벽지 사무소로 배치된다면 어떻게 할 것인가?
⑥ 고주파가 기계에 미치는 영향은 무엇인가?
⑦ 발전파업에 대해 어떻게 생각하는가?
⑧ 봉사활동 한 경험과 느낀 점을 간략하게 말해보시오.
⑨ 주변에서 도움을 청할 때 도와준 경험에 대해 말해보시오.
⑩ 베르누이 방정식에 대해 설명하시오.
⑪ 캐비테이션에 대해 간략히 설명하시오.
⑫ 공조냉동기술에 대해 설명하시오.
⑬ 밀양송전탑에 대해서 아는 대로 말해보시오.
⑭ 전기가 가정까지 어떻게 들어가는지에 대해 설명해보시오.
⑮ 리더로서의 경험이 있는가?
⑯ 한전이 지원자를 채용해야 하는 이유를 말해보시오
⑰ 인턴 중 다른 회사에서 스카우트 제의가 들어온다면 어떻게 하겠는가?
⑱ 어학연수를 다녀 온 적이 있는가?
⑲ 토익시험은 몇 번이나 응시했는가?
⑳ 영문학과 전공인데 영어회화를 잘 할 수 있는지 그러면 영어로 자기소개를 해보시오.
㉑ 대학시절 학과 공부 외에 어떤 일들을 하였는가?
㉒ 우리 공사의 봉사활동 캐치프레이즈가 무엇인가?
㉓ 입사한 후 어떠한 일을 하고 싶은가?
㉔ 상사나 동료와 의견이 부딪히면 어떻게 할 것인가?
㉕ 직류송전과 교류송전의 차이에 대해 설명하고 둘 중 무엇이 더 좋은 것인가?
㉖ 피뢰기의 구비조건에 대해 설명해보시오.
㉗ 한국전력의 사업내용이나 앞으로 나아갈 방향에 대해 말해보시오.

PART

V

NCS 정답 및 해설

의사소통능력(공통)

1	①	2	④	3	③	4	①	5	②	6	③	7	①	8	②	9	③	10	①
11	④	12	④	13	①	14	③	15	④	16	②	17	②	18	④	19	③	20	②
21	③	22	③	23	④	24	②	25	②	26	③	27	③	28	②	29	③	30	④
31	③	32	④	33	①	34	④	35	②	36	③								

1 ①

> KEPCO의 <u>역활</u>(→ 역할)은 KEPCO는 전원개발 촉진, 전력수급 안정화, 국민경제 발전 기여를 목적으로 '한국전력공사법'에 의해 설립된 법인이며, '공공기관의 운영에 관한 <u>법율</u>(→ 법률)'에 따라 시장형 공기업으로 분류됩니다. KEPCO는 설립목적에 따라 전력자원의 개발, 발전, 송전, 변전, 배전 및 이와 관련되는 영업, 연구 및 기술 개발, 해외사업, 투자 또는 <u>출현</u>(→ 출연), 보유부동산 활용사업을 수행하고 있습니다.

2 ④

ⓐ 제외국민 (→재외국민)
ⓓ 채류 (→체류)

3 ③

송전(松田) : 솔밭(소나무가 많이 들어서 있는 땅)
송전(送電) : 발전소에서 생산된 전력을 변전소로 보내는 일

4 ①

①에서 손을 씨는 것은 '부정적인 일이나 찜찜한 일에 대하여 관계를 청산하다'는 관용적 표현이 아닌 실제로 손을 씻는 것을 말하는 표현이다.

5 ②

다음 글에서는 토의를 정의하고 토의의 종류에는 무엇이 있는지 예시를 들어 설명하고 있으므로 토론에 대해 정의하고 있는 ⓒ은 삭제해도 된다.

---

6 ③

첫 번째 괄호는 앞문장과 이어지고 있으므로 문장의 호응에 맞는 '그래서'가 적절하며, 인간이 자연을 이용하고 극복한 예로 필리핀에 관한 사례가 나왔으므로 두 번째 괄호에는 접속사 '예를 들어'가 적절하다.

---

7 ①

ⓜ정의→ⓔ구체화→ⓒ예시→ⓐ구체화→ⓓ부연설명의 순으로 이루어져야 한다. ⓜ에서 글의 종류에 대해 정의를 하고 ⓔ에서 글의 종류에 관한 구체화를 한 뒤 ⓒ에서 예를 들고 있다. ⓐ에서는 문학 작품을 감상하는 일과 글을 읽는 일과의 공통점을 제시하고 ⓓ에서 ⓐ의 내용을 더욱 구체화하여 부연설명하고 있다.

---

8 ②

「안씨가훈」은 가족도덕을 비롯하여 학문·교양·사상·생활양식과 태도, 처세와 교제방법, 언어·예술에 이르기까지 구체적인 체험과 사례들을 열거하여 자세히 기록하였으며, 시세에 편승하지 않고 조화와 평화, 안전을 중요시하며 소박하고 견실한 가정생활을 이상으로 삼고 있다. 또한 가훈으로서 뿐 아니라 사회·경제를 비롯한 모든 면에서 당시의 풍조를 연구하는 데 가치 있는 자료지만 이 책이 가훈의 효시라고 볼 수는 없다.

---

9 ③

가훈은 보통 그 집안에서 중시하는 덕목을 나타낸 것으로 과거에는 주로 유교적인 덕목들이 많았으나 사회활동이 많아지고 물질만능주의의 사회로 변화한 현재에는 자연히 가훈 또한 그 시대상에 맞게 변모하였다. 따라서 가훈에는 그 격이 있을 수 없으며 각 집안의 특성을 가장 잘 나타내는 것이면 어느 것이든 상관이 없다. 이러한 이유로 오늘날에는 톡톡 튀는 개성을 가진 가훈들이 많이 등장하고 있다.

---

10 ①

위 글을 통해 오늘날 가훈의 특징은 알 수 없다.

---

11 ④

기회비용과 매몰비용이라는 경제용어와 에피소드를 통해 경제적인 삶의 방식에 대해서 말하고 있다.

12 ④

'즉'은 옳게 쓰여진 것으로 고쳐 쓰면 안 된다.

---

13 ①

위 글의 서술방식 중 기존의 주장을 반박하는 방식은 나타나고 있지 않다.

---

14 ③

ⓒ 직접금융과 간접금융의 정의와 예-ⓛ 직접금융과 간접금융의 양상-ⓔ 간접금융이나 주거래은행제도의 특징-ⓖ 지금까지 우리나라 기업의 자금조달 방식

---

15 ④

헌법 제77조 제3항에 의하면 비상계엄이 선포된 때에 법률이 정하는 바에 의한 영장제도나 언론·출판·집회·결사의 자유, 정부나 법원의 권한에 관하여 특별한 조치를 할 수 있다고 명시되어 있다.

---

16 ②

작은 지역에서 매우 밝은 빛이 나올 수 있는 경우는 거대질량 블랙홀 주변에 다량의 가스가 떨어지면서 그 마찰력으로 인한 고온으로 빛을 내는 경우밖에 없다.

---

17 ②

위 글에서 '거대질량 블랙홀은 그 질량이 태양의 100만~100억 배나 되는 매우 무거운 블랙홀을 일컫는 말'이라고 나와 있으므로 ②번은 거대질량 블랙홀에 속하지 않는다.

---

18 ④

위 글을 통해 블랙홀 주변으로 떨어진 물질들이 우주 어딘가에서 다시 나타난다는 사실은 알 수 없다.

---

19 ③

'부과'는 세금이나 부담금 따위를 매기어 부담하게 한다는 의미로 '부과(賦課)'로 쓴다.

---

20 ②

ⓛ 갑조선의 정의와 1430년대 당시 주변국과 우리나라 군선의 차이 - ⓜ 중국식 조선법을 채택하게 된 계기 - ⓖ 태종 때 군선 개량의 노력 - ⓒ 세종 때 군선 개량의 노력 - ⓔ 단조선으로 복귀하게 된 계기와 조선시대 배가 평저선구조로 일관된 이유

21 ③

대화 속의 남과 여는 디지털 글쓰기의 장점과 단점에 대해 이야기하고 있다. 따라서 두 사람이 제출했을 토론 주제로는 '디지털 글쓰기의 장단점'이 적합하다.

---

22 ③

인과구조가 아니며, '한편'으로 쓰는 것이 더 적절하다.

---

23 ④

해당 영상물의 제작 의도는 탈춤에 무관심한 젊은 세대를 대상으로 하여 우리 고유의 문화유산인 탈춤에 대한 관심을 불러일으키기 위한 것이다. 따라서 탈춤에 대한 학술적 이견들을 깊이 있게 제시하는 것은 제작 의도와 맞지 않는다.

---

24 ②

위 문서는 기안서로 회사의 업무에 대한 협조를 구하거나 의견을 전달할 때 작성하며, 흔히 사내 공문서라고도 한다.

---

25 ②

「Mr. Hopkins에게
ⓓ 당신의 최근 주문에 관한 10월 23일의 편지 감사합니다.
ⓑ 당신이 잘못된 주문을 받았다니 매우 유감스럽습니다.
ⓔ 듣자 하니, 이것은 프로세싱 오류로 인해 야기되었습니다.
ⓐ 우리는 무료배송으로 당신에게 정확한 상품을 보낼 것입니다.
ⓒ 다시 한 번, 불편을 드린 것에 대한 저희의 사과를 받아주시길 바라오며, 장래에 다시 서비스를 제공할 수 있기를 기대합니다.」

26 ③

Albert Denton : 9월 24일, 화요일

8:30 a.m.	Metropolitan 호텔 로비 택시에서 Extec 공장까지 Kim S.S.와 미팅
9:30–11:30 a.m.	공장 투어
12:00–12:45 p.m.	품질 관리 감독관과 공장 식당에서 점심식사
1:00–2:00 p.m.	공장 관리자와 미팅
2:00 p.m.	차로 창고에 가기
2:30–4:00 p.m.	창고 투어
4:00 p.m.	다과
5:00 p.m.	택시로 호텔 (약 45분)
7:30 p.m.	C.W. Park과 로비에서 미팅
8:00 p.m.	고위 간부와 저녁식사

공장 투어는 9시 30분에서 11시 30분까지이므로 오후가 아니다.

---

27 ③

시선공유도 바람직한 의사소통을 위한 중요한 요소이지만 위 글에 나오는 형식이의 노력에서는 찾아볼 수 없다.

---

28 ②

• 문제 상황 : 출산율 저하(㉠)
• 출산율 저하의 원인 : 여성의 사회 활동 참여율(㉡), 가치관의 변화(㉢)
• 출산율 저하의 문제점 : 노동 인구의 수가 국가 산업 경쟁력을 좌우(㉥)하는데 인구 감소로 인해 노동력 부족 현상이 심화된다(㉤).
• 주장 : 새롭고 실제 가정에 도움이 되는 출산장려 정책이 추진되어야 한다(㉣).
• 주장의 근거 : 현재 시행되고 있는 출산장려 정책은 큰 효과가 없다(㉦).
• 종합 의견 : 인구 문제에 대한 정부 차원의 대책을 수립한다(◎).

---

29 ③

① 주차대행 서비스가 유료이다.
②④ 장애인 차량은 장애인증 확인 후 일반주차요금의 50%가 할인된다.

---

30 ④

Fast Track 이용 가능한 교통약자는 보행장애인, 7세 미만 유소아, 80세 이상 고령자, 임산부, 동반여객 2인이다.

31 ③

직원 A의 의견은 CASE 2의 결과와 양립 가능하며, 직원 B의 의견은 CASE 3의 결과와 양립 가능하다. 그러나 직원 C의 의견은 CASE 1의 결과와 모순으로 실험 결과를 제대로 이해하지 못한 의견이다.

32 ④

① 단절 전 형성 방식의 각 기지국은 서로 같은 주파수를 사용하여 주파수 조정이 필요 없으므로 새로운 통화 채널을 형성하고 나서 기존 통화 채널을 단절할 수 있다.
② 핸드오버는 이동단말기와 기지국이 멀어지면서 그 둘 사이의 신호가 점점 약해지다 특정값 이하로 떨어지게 되면 명령되는 것으로, 통화 채널 형성 순서에 따라 차이가 있지는 않다.
③ '핸드오버'란 이동단말기가 이동함에 따라 기존 기지국에서 이탈하여 새로운 기지국으로 넘어갈 때 통화가 끊기지 않도록 통화 신호를 새로운 기지국으로 넘겨주는 것으로, 이동단말기와 새로운 기지국 간의 통화 채널이 형성되면 핸드오버가 성공한 것이라고 볼 수 있다.

33 ①

고효율 에너지 기자제 인증제품 → 고효율 에너지 기자재 인증제품
냉방기 순차 운후를 실시합니다. → 냉방기 순차 운휴를 실시합니다.
자연 체광을 이용합니다. → 자연 채광을 이용합니다.

34 ④

○○은행에서는 본 안내장 외엔 문자를 발송하지 않는다.

35 ②

전기활선 작업 중에 단락·지락은 불가피하게 발생할 수 있다. 따라서 절연용 방호기구를 사용하여야 한다.

36 ③

주어진 자료의 분석 결과를 보면 친구와의 대화 정도와 게임 시간 정도를 비교하는 것으로 보아 게임 시간과 친구와의 대화정도를 비교하는 가설이 적절하다.

1	③	2	④	3	③	4	①	5	③	6	③	7	②	8	④	9	③	10	③
11	①	12	④	13	③	14	②	15	②	16	③	17	③	18	④	19	③	20	②
21	①	22	③	23	③	24	③	25	②	26	③	27	③	28	④	29	④	30	③
31	③	32	③	33	②	34	①	35	④	36	④	37	①	38	①	39	④	40	①

1 ③

3/4 분기 성과평가 점수는 $(10 \times 0.4) + (8 \times 0.4) + (10 \times 0.2) = 9.2$로, 성과평가 등급은 A이다. 성과평가 등급이 A이면 직전 분기 차감액의 50%를 가산하여 지급하므로, 2/4 분기 차감액인 20만 원(∵ 2/4 분기 성과평가 등급 C)의 50%를 가산한 110만 원이 성과급으로 지급된다.

2 ④

$10 : 0.1 = 25 : A$

$\therefore A = 0.25$

$10 : 0.1 = B : 0.3$

$\therefore B = 30$

$1 - 0.1 - 0.25 - 0.3 = 0.35$

$\therefore D = 0.35$

$10 : 0.1 = C : 0.35$

$\therefore C = 35$

$\therefore B + C = 30 + 35 = 65$

3 ③

ⓒ에 들어갈 수치는 903이다.

4 ①

국내산 혈당계가 차지하는 비중 : $\dfrac{61}{903} \times 100 = 6.76\%$

5 ③

현재까지의 판매 이익은 다음과 같다.

- 아메리카노 : $(3,000-200) \times 5 = 14,000$
- 카페라떼 : $(3,500-500) \times 3 = 9,000$
- 바닐라라떼 : $(4,000-600) \times 3 = 10,200$
- 카페모카 : $(4,000-650) \times 2 = 6,700$
- 카라멜마끼아또 : $(4,300-850) \times 6 = 20,700$

현재까지 60,600원의 판매 이익을 얻었으므로, 3,400원이 더 필요하다. 따라서 바닐라라떼 한 잔을 더 팔면 이익을 채울 수 있다.

---

6 ③

조사표의 빈칸을 채우면 다음과 같다.

점수	응답자수	비율
아주 만족	9	11.25
대체로 만족	11	13.75
조금 만족	21	26.25
조금 불만족	19	23.75
대체로 불만족	13	16.25
아주 불만족	7	8.75
합계	80	100

ⓒ 불만족이라 응답한 고객은 80명 중 39명으로 절반 이상은 아니다.

---

7 ②

2018년 6월 이스타항공을 이용하여 인천공항에 도착한 여객 수는 82,409명으로 같은 기간 인천공항에 도착한 전체 여객 수의 $\dfrac{82,409}{1,971,675} \times 100 =$ 약 4.2%이다.

---

8 ④

2013년 할랄식품 시장 규모가 전년에 비해 증가한 지역은 8곳이다.

9 ③

① $\dfrac{360}{(85,000-10,000)} \times 100 \times 12 = 5.76$

② $\dfrac{420}{(85,000-5,000)} \times 100 \times 12 = 6.3$

③ $\dfrac{750}{(130,000-10,000)} \times 100 \times 12 = 7.5$

④ $\dfrac{350}{(125,000-60,000)} \times 100 \times 12 = 6.46$

---

10 ③

③ A : $4,520 \div 3,875 = 1.17$

B : $1,342 \div 1,323 = 1.01$

C : $892 \div 898 = 0.99$

D : $500 \div 520 = 0.96$

① F : $234 \div 445 = 0.53$

I : $400 \div 580 = 0.69$

② G : $342 \div 584 = 0.59$

H : $185 \div 330 = 0.56$

④ J : $82 \div 164 = 0.5$

---

11 ①

A : $4,520 \div 3,875 = 1.17$

B : $1,342 \div 1,323 = 1.01$

C : $892 \div 898 = 0.99$

D : $500 \div 520 = 0.96$

---

12 ④

가정용 판매전력량은 2014년에 감소한 후 꾸준히 증가하였지만 광업용 판매전력량은 2016년까지 증가한 후 2017년과 2018년에는 감소하였다.

① 농림어업용 판매전력량은(13,062→13,556→14,645→15,397→15,981→17,126) 매년 꾸준히 증가하였다.

② 2018년 가정용 판매전력량의 전년 대비 증가율(70,687 − 66,517 ÷ 66,517 × 100 = 6.3%)은 동년(同年) 농림어업용 판매전력량의 전년 대비 증가율(17,126 − 15,981 ÷ 15,981 × 100 = 7.2%)보다 낮다.

③ 연도별 총 판매전력량에서 제조업용 판매전력량이 차지하는 비율(265,100 ÷ 526,149 × 100 = 50.4%)은 2018년에 가장 낮다.

13 ③

판관비를 대입하여 시기별 매출 자료를 다음과 같이 정리해 볼 수 있다.

(단위 : 억 원)

구분	'17.1분기	2분기	3분기	4분기	'18.1분기	2분기
매출액	51	61	62	66	61	58
매출원가	39.1	44.8	45.3	48.5	43.0	40.6
매출총이익	11.9	16.2	16.7	17.5	18.0	17.4
판관비	2.0	2.1	2.2	2.3	2.4	2.5
영업이익	9.9	14.1	14.5	15.2	15.6	14.9

따라서 매출총이익에서 판관비가 차지하는 비중은 $2.0 \div 11.9 \times 100 = 16.8\%$인 2017년 1분기가 가장 크다.

① 매출원가는 2017년 4분기가 가장 크나, 매출총이익은 2018년 1분기가 가장 크다.

② 2018년 1분기 영업이익률은 $15.6 \div 61 \times 100 = 25.6\%$이며,

2018년 2분기 영업이익률은 $14.9 \div 58 \times 100 = 25.7\%$이다.

④ 2018년 1분기에는 매출총이익과 영업이익이 증가하였으나, 매출원가는 감소하였다.

---

14 ②

연도가 2001년, 2003년, 2004년, 2005년으로 2002년이 빠져있다. 미국이 2002년에 몇 위를 차지했는지 알 수 없기 때문에 4년 연속 1위를 차지했다는 것은 옳지 않은 해석이다.

---

15 ②

① A : 450점

② B : 500점

③ C : 370점

④ D : 400점

---

16 ③

$1,800 \times 0.08 = 144$(명)

---

17 ③

① 2009년에는 판매 · 마케팅, 2010년에는 고객서비스의 직원 비율이 가장 컸다.

② 2008년과 2010년에는 증가하였다.

④ 5년 동안 지속적으로 재무 부서의 직원 비율이 가장 적었다.

18 ④

부상자 수가 가장 많은 시간대는 16~18시, 18~20시, 14시~16시 순이다.

---

19 ③

㉠ $\dfrac{3,544}{62,136} \times 100 = 5.70$

㉡ $\dfrac{5,706}{63,314} \times 100 = 9.01$

---

20 ②

$\dfrac{151}{5,727} = 0.026$

---

21 ①

작년의 송전 설비 수리 건수를 x, 배전 설비 수리 건수를 y라고 할 때, $x+y=238$이 성립한다. 또한 감소 비율이 각각 40%와 10%이므로 올해의 수리 건수는 $0.6x$와 $0.9y$가 되며, 이것의 비율이 5 : 3이므로 $0.6x : 0.9y = 5 : 3$이 되어 $1.8x = 4.5y(\rightarrow x = 2.5y)$가 된다.

따라서 두 연립방정식을 계산하면, $3.5y = 238$이 되어 $y = 68$, $x = 170$건임을 알 수 있다.

그러므로 올 해의 송전 설비 수리 건수는 $170 \times 0.6 = 102$건이 된다.

---

22 ③

몇 년 뒤를 x라고 하면,

$58 + x = 2(7 + x + 4 + x)$

$58 + x = 22 + 4x$

$\therefore x = 12$

12년 뒤, 손자들은 19세, 16세가 되며, 홍만씨는 70세가 된다.

---

23 ③

2배가 되는 시점을 x주라고 하면

$(640 + 240x) + (760 + 300x) = 2(1,100 + 220x)$

$540x - 440x = 2,200 - 1,400$

$100x = 800$

$\therefore x = 8$

24 ③

기차의 길이를 x라 하면, 기차의 속력은 같으므로

$$\frac{200+x}{60} = \frac{470+x}{120}$$

$$24,000+120x = 28,200+60x$$

$$60x = 4,200$$

$$\therefore x = 70\text{m}$$

기차의 길이 70m를 $\frac{200+x}{60}$ 에 대입하면

기차의 속력은 $4.5 m/s$

---

25 ②

A호스가 1시간 동안 채우는 물의 양 : $\frac{1}{8}$

B호스가 1시간 동안 채우는 물의 양 : $\frac{1}{12}$

걸린 시간을 x라 하면

$$(x-3)\times\left(\frac{1}{8}+\frac{1}{12}\right)+\frac{3}{8}=1$$

$$\frac{5x-6}{24}=1$$

$$5x=30$$

$$\therefore x=6$$

---

26 ③

처음 떠낸 소금물의 양을 x라고 하면,

$$\frac{8}{100}(200-x)+\frac{2}{100}\times120=\frac{3}{100}\times320 \rightarrow 8x=880 \rightarrow x=110(g)$$

---

27 ③

같은 출발선에서 반대방향으로 출발하였으므로 철수와 미미가 두 번째로 지나칠 때 두 사람이 이동한 거리의 합은 1,200m이다.

$$10\times t+5\times t=1.2\text{km}$$

$$t=\frac{1.2}{15}=\frac{4.8}{60}$$

∴ 두 사람이 두 번째로 지나칠 때까지 걸리는 시간은 4분 48초이다.

28 ④

서로 다른 n개로 만들 수 있는 원순열의 수는 $(n-1)!$

즉, 4!이므로 $4 \times 3 \times 2 \times 1 = 24$(가지)

---

29 ④

빨간색 블록의 개수를 x, 파란색 블록의 개수를 y라 하면 전체 블록의 개수가 150개이므로 $x + y = 100 \cdots \bigcirc$

빨간색 블록 x개가 넘어지는 데 걸리는 시간은 $\frac{1}{2}x$초이고, 파란색 블록 y개가 넘어지는 데 걸리는 시간은

$\frac{1}{3}y$초이므로 $\frac{1}{2}x + \frac{1}{3}y = 60 \Rightarrow 3x + 2y = 360 \cdots \bigcirc$

$\bigcirc$식과 $\bigcirc$식을 연립하여 풀면 $x = 60$, $y = 90$

따라서 빨간색 블록은 60개, 파란색 블록은 90개이다.

---

30 ③

원가를 x라 하면

$1.3x - 600 = 1.15x$

$0.15x = 600$

원가 x는 4,000원이다.

원가의 15%이익을 얻는다고 했으므로

$4,000 \times 0.15 = 600$원

500개 팔았을 때는 $600 \times 500 = 300,000$원

---

31 ③

중앙값은 관측값을 작은 값에서 큰 값으로 나열하여 한 가운데 있는 값이다.

6, 7, 9, 10, 11, 13, 14 이므로 중앙값은 10이다.

---

32 ③

$(13 + 14 + 11 + 6 + 7 + 9 + 10) \div 7 = 10$

---

33 ②

최댓값은 자료 중 가장 값이 큰 것을, 최솟값은 자료 중 가장 값이 작은 것을 말한다.

34 ①

$$\frac{(13-10)^2+(14-10)^2+(11-10)^2+(6-10)^2+(7-10)^2+(9-10)^2-(10-10)^2}{7}=7.43$$

---

35 ④

÷1, ×2, ÷3, ×4, ÷5, ×6…의 규칙을 갖는다.

---

36 ④

10　13　22　49　130　(373)　1102

$+3^1$　$+3^2$　$+3^3$　$+3^4$　$+3^5$　$+3^6$

(3)　(9)　(27)　(81)　(243)　(729)

---

37 ①

앞의 두 수를 더한 뒤에 2를 곱하고 있다. 따라서 $(10+28)\times2=76$이다.

---

38 ①

반시계 방향으로 돌아가면서 +1, +2, +3, +4, +5, +6, +7로 커지고 있다.

---

39 ④

반시계 방향으로 돌아가면서 +2, ÷2가 반복되고 있다.

---

40 ①

표 안의 숫자는 모두 소수이다.
반시계 방향으로 돌아가면서 점차 커지고 있다.
17 다음에 오는 소수는 19이다.

1	③	2	③	3	②	4	④	5	②	6	④	7	③	8	②	9	④	10	③
11	④	12	②	13	④	14	④	15	②	16	③	17	②	18	③	19	④	20	③
21	②	22	②	23	①	24	②	25	②	26	③	27	②	28	③				

1 ③

새로 만든 병을 이용하여 기존의 있던 갑을 팔려면 병은 모든 면에서 갑보다 좋아서는 안 된다. 따라서 가격 면에서 C는 A보다 비싸야 하고 기능 면에서 F는 E보다 기능이 나빠야 한다. 그리고 디자인 면에서 I는 G보다 디자인이 나빠야 한다. 또한 L은 K보다 서비스 기간이 짧아야 한다.

2 ③

5점을 맞힌 화살의 개수가 동일하다고 했으므로 5점의 개수에 따라 점수를 정리하면 다음과 같다.

	1개	2개	3개	4개	5개	6개	7개
박과장	5+18=23	10+15=25	15+12=27	20+9=29	25+6=31	30+3=33	35+0=35
김과장	5+21=26	10+18=28	15+15=30	20+12=32	25+9=34	30+6=36	35+3=38

3 ②

동문·서문·남문 앞에 설치하는 배너는 실외용이고 고급배너를 사용하므로 (25,000+30,000)×3=165,000원이고, 2관 내부에 설치하는 배너는 실내용이고 일반배너를 사용하므로 (20,000+25,000)×2=90,000원이므로 165,000+90,000=255,000(원)이다.

4 ④

① 배출 시간은 수거 전날 저녁 7시부터 수거 당일 새벽 3시까지인데 일요일은 수거하지 않으므로 토요일 저녁 8시에 쓰레기를 내놓은 甲은 규정을 준수했다고 볼 수 없다.

② 공동주택에서 음식물 쓰레기를 배출할 경우 음식물 전용용기에 담아서 배출해야 한다.

③ 스티로폼은 별도로 묶어서 배출해야 하는 품목이다.

5 ②

f 본사에 가서 서류를 받아야 함으로 f 본사와 e 연구소를 먼저 방문한다. 그리고 다음으로 가장 효율적으로 이동하기 위해서는 이동하는 거리 상 가까운 곳을 우선적으로 알아봐야 하는데 위의 지하철 노선 상으로도 알 수 있듯이 ① b-c-a-d는 가장 먼 거리로 이동하기 때문에 비효율적인 방법이다. 따라서 e에서 c로 이동하여 c에서 d로 이동한 다음 d에서 a로 이동하고 마지막으로 a에서 b로 이동하는 것이 가장 효율적인 방법이라 할 수 있다.

---

6 ④

b-a-c로 이동하는데, b에서 a구역 중 신도림, 대림역 구간은 왕복하게 됨으로 편도로 계산한 후 따로 6분을 더해주고 이어 c로 이동하는 구간을 계산하면 된다.
(7개의 정거장×3분+6분)+9개의 정거장×3분+5번의 환승×10분=104분이다.

---

7 ③

가장 저렴하게 비용을 낼 경우 총 16개의 정거장을 거쳐야 함으로 16×1,000원=16,000원이다.

---

8 ②

최단 기간에 업무를 끝내기 위해 필요한 최소 인력은 8명이다.

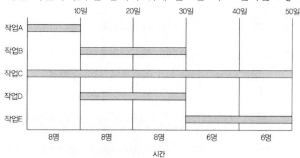

작업장 사용료 : 50일×50만 원=2,500만 원
인건비 : {(8인×30일)+(6인×20일)}×10만 원=3,600만 원

9 ④

업체별 평가기준에 따른 점수는 다음과 같으며 D업체가 65점으로 선정된다.

	시장매력도	정보화수준	접근가능성	합계
A	15	0	40	55
B	15	30	0	45
C	0	15	20	35
D	30	15	20	65

10 ③

1명의 투표권자가 후보자에게 줄 수 있는 점수는 1순위 5점, 2순위 3점으로 총 8점이다. 현재 투표까지 중간집계 점수가 640이므로 80명이 투표에 참여하였으며, 아직 투표에 참여하지 않은 사원은 120−80=40명이다. 따라서 신입사원 A는 40명의 사원에게 문자를 보내야 한다.

11 ④

시간 $= \dfrac{거리}{속도}$ 공식을 이용하여, 먼저 각 경로에서 걸리는 시간을 구한다.

구간	경로	시간			
		출근 시간대		기타 시간대	
A→B	경로 1	$\dfrac{30}{30}=1.0$	1시간	$\dfrac{30}{45}\fallingdotseq 0.67$	약 40분
	경로 2	$\dfrac{30}{60}=0.5$	30분	$\dfrac{30}{90}\fallingdotseq 0.33$	약 20분
B→C	경로 3	$\dfrac{40}{40}=1.0$	1시간	$\dfrac{40}{60}\fallingdotseq 0.67$	약 40분
	경로 4	$\dfrac{40}{80}=0.5$	30분	$\dfrac{40}{120}\fallingdotseq 0.33$	약 20분

④ 경로 2와 3을 이용하는 경우와 경로 1과 경로 4를 이용하는 경우 C지점에 도착하는 시각은 1시간 30분으로 동일하다.

① C지점에 가장 빨리 도착하는 방법은 경로 2와 경로 4를 이용하는 경우이므로, 가장 빨리 도착하는 시각은 1시간이 걸려서 오전 9시가 된다.

② C지점에 가장 늦게 도착하는 방법은 경로 1과 경로 3을 이용하는 경우이므로, 가장 늦게 도착하는 시각은 2시간이 걸려서 오전 10시가 된다.

③ B지점에 가장 빨리 도착하는 방법은 경로 2이므로, 가장 빨리 도착하는 시각은 30분이 걸려서 오전 8시 30분이 된다.

12 ②

현재 인쇄가 전혀 되지 않으므로 B항목 "문서가 인쇄되지 않습니다."를 확인해야 한다.

---

13 ④

B항목의 점검사항만 확인하면 되므로 용지의 종류는 확인하지 않아도 된다.

---

14 ④

문제의식은 현재에 만족하지 않고 전향적인 자세로 상황을 개선하거나 바꾸고자하는 마음가짐으로 문제해결을 위한 장애요소가 아닌 꼭 갖추어야 할 자세이다.

---

15 ②

ⓛ 참가자는 무작위로 선정한 것이 아니라 시음회의 참여를 원하는 직원을 대상으로 선정하였기 때문에 전체 직원에 대한 대표성이 확보되었다고 보기는 어렵다.

ⓔ 대표성을 확보하기 위해서는 우리나라의 남녀 비율이 아닌 A회사의 남녀 비율을 고려하여 선정하는 것이 더 적절하다.

---

16 ③

조건에 따라 배정한 결과는 다음과 같으며 1번 자리는 봉숙이가 앉게 된다.

1	2	3	4	5
봉숙	가영	세경	분이	혜진

---

17 ②

㉠ : 태풍경보 표를 보면 알 수 있다. 비가 270mm이고 풍속 26m/s에 해당하는 경우는 태풍경보 2급이다.

㉡ : 6시간 강우량이 130mm 이상 예상되므로 호우경보에 해당하며 산지의 경우 순간풍속 28m/s 이상이 예상되므로 강풍주의보에 해당한다.

---

18 ③

청년들도 기성복이 아닌 맞춤 수제정장을 찾는 경우가 있다고 제시되어 있으나 그 수요가 얼마나 될지 정확하게 알 수 없으며 디지털마케팅에 대한 역량이 부족하여 막대한 마케팅 비용이 들 것으로 예상된다고 제시되어있으므로 A모직에서 결정할 수 있는 사항으로 가장 옳지 않은 것은 ③이다.

19 ④

'안정적 자금 공급'이 자사의 강점이기 때문에 '안정적인 자금 확보를 위한 자본구조 개선'은 향후 해결해야 할 과제에 속하지 않는다.

20 ③

C는 정원이 50명이 넘으므로 기타공공기관이 아니며, 자체수입비율이 55%이므로 자체수입액이 총수입액의 2분의 1 이상이기 때문에 공기업이다. 시장형 공기업 조건에 해당하지 않으므로 C는 준시장형 공기업이다.

21 ②

㉠ **설립방식**: {(고객만족도 효과의 현재가치) − (비용의 현재가치)}의 값이 큰 방식 선택
- (개) 방식: 5억 원 − 3억 원 = 2억 원→선택
- (내) 방식: 4.5억 원 − (2억 원 + 1억 원 + 0.5억 원) = 1억 원

㉡ **설립위치**: {(유동인구) × (20~30대 비율) / (교통혼잡성)} 값이 큰 곳 선정(20~30대 비율이 50% 이하인 지역은 선정대상에서 제외)
- 甲: 80 × 75 / 3 = 2,000
- 乙: 20~30대 비율이 50%이므로 선정대상에서 제외
- 丙: 75 × 60 / 2 = 2,250→선택

22 ②

주어진 대화에는 놀이기구에 키 제한이 있고, 성식이의 키는 이제 100cm를 넘었다는 정보는 있지만, 키 제한이 정확히 얼마인지에 대한 정보는 나와 있지 않다.

23 ①

주어진 규정에 따를 경우 甲이 납부해야 하는 금액은 4억 1천만 원이다. 甲이 4억 원만을 납부했으므로 나머지 1천만 원에 대한 가산금을 계산하면 된다. 1천만 원의 100분의 3은 30만 원이다.

24 ②

㉠에서 A와 C는 취미가 운동이기 때문에 반드시 수출 업무를 좋아하는 B와 함께 TF팀이 구성되어야 함을 알 수 있다. 그러므로 ④는 정답에서 제외된다.
㉡에서 A, B, D는 짝수 연차이므로 홀수 인원으로 TF팀이 구성될 수 없다. 그러므로 ③은 정답에서 제외된다.
㉢에서 A, B는 남직원이므로 둘만으로 TF팀이 구성될 수 없다. 그러므로 ①은 정답에서 제외된다.
따라서 정답은 ②이다.

25 ②

수미 소비상황을 봤을 때 A신용카드 혜택이 없으며, B신용카드는 1만 원 청구할인, C신용카드는 1만 원 포인트 적립, D신용카드는 1만 원 문화상품권을 증정한다. 액수가 동일한 경우 할인혜택, 포인트 적립, 문화상품권 지급 순으로 유리하다고 했으므로 수미는 B신용카드를 선택한다.

---

26 ③

- ㈔를 통해 일본은 ㉠~㉟의 일곱 국가 중 4번째인 ㉣에 위치한다는 것을 알 수 있다.
- ㈎와 ㈏를 근거로 ㉠~㉢은 스웨덴, 미국, 한국이, ㉤~㉟은 칠레, 멕시코, 독일이 해당된다는 것을 알 수 있다.
- ㈐에서 20%p의 차이가 날 수 있으려면, 한국은 ㉠이 되어야 한다. ㉠이 한국이라고 할 때, 일본을 제외한 ㉡, ㉢, ㉤, ㉥, ㉟ 국가의 조합으로 20%p의 차이가 나는 조합을 찾으면, (68＋25)와 (46＋27)뿐이다. 따라서 ㉢은 스웨덴, ㉥은 칠레, ㉟은 멕시코임을 알 수 있다.
- ㈎와 ㈏에 의하여 남은 ㉡은 미국, ㉤은 독일이 된다.

---

27 ②

신용카드 및 체크카드를 분실한 경우 카드회사 고객센터에 분실신고를 하여야 한다.

---

28 ③

대출사기를 당했거나 대출수수료를 요구할 땐 경찰서, 금융감독원에 전화로 신고를 하여야 한다.

1	③	2	①	3	②	4	②	5	②	6	②	7	②	8	③	9	③	10	③
11	①	12	③	13	①	14	④	15	①	16	④	17	④	18	③	19	④	20	②
21	③	22	②	23	④														

1 ③
① 김 과장이 갖고 있는 실물자산은 아파트, 자동차이다.
② 자동차는 아파트보다 유동성이 높다.
④ 김 과장이 보유하고 있는 요구불 예금으로 자동차 할부금을 상환하면 줄어드는 부채만큼 자산도 줄어들기 때문에 순자산에는 변동이 없다.

2 ①
② B자원의 구입으로 인한 기회비용은 150만 원이다.
③ B자원을 구입하기 위해 지불한 100만 원은 회수할 수 없는 매몰비용이다.
④ △△그룹에게 있어 A자원의 실익은 150만 원이고 B자원의 실익은 200만 원이므로 더 큰 실제의 이익을 주는 자원은 B자원이다.
※ 매몰비용과 한계비용
• 매몰비용 : 이미 매몰되어 버려서 다시 되돌릴 수 없는 비용으로 즉, 의사 결정을 하고 실행한 이후에 발생하는 비용 중 회수할 수 없는 비용을 말한다.
• 한계비용 : 생산물 한 단위를 추가로 생산할 때 필요한 총비용의 증가분을 말한다.

3 ②
○○그룹에서 자판기의 최적 설치량은 5개이며 이때 전 직원이 누리는 총 만족감은 350만 원이다.

4 ②

주어진 설명에 의해 4명의 자질을 정리하면 다음과 같다.

	오 대리	최 사원	남 대리	조 사원
스페인어	O		O	
국제 감각	O			O
설득력		O	O	O
비판적 사고		O	O	
의사 전달력	O	O	X	O

이러한 자질에 따라 4명의 직원이 수행할 수 있는 업무는

오 대리 : 계약실무, 현장교육

최 사원 : 시장조사

남 대리 : 협상, 시장조사

조 사원 : 현장교육

이며 필요한 4가지 업무를 모두 수행하기 위해서는 오 대리와 남 대리 2명이 최종 선발되어야만 함을 알 수 있다.

---

5 ②

㈐ 자원개발형, ㈑ 시장확보형, ㈎ 비용절감형, ㈏ 습득형

---

6 ②

주어진 비용 항목 중 원재료비, 장비 및 시설비, 출장비, 인건비는 직접비용, 나머지는 간접비용이다.

• 직접비용 총액 : 4억 2백만 원+A
• 간접비용 총액 : 6천만 원+B

간접비용이 전체 직접비용의 30%를 넘지 않게 유지하여야 하므로,

(4억 2백만 원+A)×0.3≧6천만 원+B

따라서 보기 중 ②와 같이 출장비에 8백만 원, 광고료에 6천만 원이 책정될 경우에만 직접비용 총계는 4억 1천만 원, 간접비용 총계는 1억 2천만 원이므로 팀장의 지시사항을 준수할 수 있다.

7 ②

각 공급처로부터 두 물품을 함께 구매할 경우(나)와 개별 구매할 경우(가)의 총 구매 가격을 표로 정리해 보면 다음과 같다. 구매 수량은 각각 400개 이상이어야 한다.

공급처	물품	세트당 포함 수량(개)	세트 가격	(가)	(나)
A업체	경품1	100	85만 원	340만 원	5,025,500원
	경품2	60	27만 원	189만 원	(5% 할인)
B업체	경품1	110	90만 원	360만 원	5,082,500원
	경품2	80	35만 원	175만 원	(5% 할인)
C업체	경품1	90	80만 원	400만 원	5,120,000원
	경품2	130	60만 원	240만 원	(20% 할인)

8 ③

C업체가 경품1의 세트당 가격을 5만 원 인하하면 총 판매 가격이 4,920,000원이 되어 가장 낮은 가격에 물품을 제공하는 공급처가 된다.
① 경품1의 세트당 포함 수량이 100개가 되면 세트 수량이 5개에서 4개로 줄어들어 판매가격이 80만 원 낮아지나, 할인 적용이 되지 않아 최종 판매가는 오히려 비싸진다.
② 경품2의 세트당 가격을 2만 원 인하하면 총 판매가격이 5,056,000원이 되어 A업체보다 여전히 비싸다.

9 ③

1번째 기준에 의해 X사는 200억의 10%인 20억을 분배 받고, Y사는 600억의 10%인 60억을 분배 받는다. Y가 분배 받은 금액이 총 150억이라고 했으므로 X사가 분배 받은 금액은 50억이다. X사가 두 번째 기준에 의해 분배 받은 금액은 30억이고, Y사가 두 번째 기준에 의해 분배 받은 금액은 90억이다. 두 번째 기준은 연구개발비용에 비례하여 분배 받은 것이므로 X사의 연구개발비의 3배로 계산하면 300억이다.

10 ③

각 제품의 점수를 환산하여 총점을 구하면 다음과 같다. 다른 기능은 고려하지 않는다 했으므로 제시된 세 개 항목에만 가중치를 부여하여 점수화한다.

구분	A	B	C	D
크기	153.2×76.1×7.6	154.4×76×7.8	154.4×75.8×6.9	139.2×68.5×8.9
무게	171g	181g	165g	150g
RAM	4GB	3GB	4GB	3GB
저장 공간	64GB	64GB	32GB	32GB
카메라	16Mp	16Mp	8Mp	16Mp
배터리	3,000mAh	3,000mAh	3,000mAh	3,000mAh
가격	653,000원	616,000원	599,000원	549,000원
가중치 부여	$20 \times 1.3 + 18 \times 1.2 + 20 \times 1.1 = 69.6$	$20 \times 1.3 + 16 \times 1.2 + 20 \times 1.1 = 67.2$	$18 \times 1.3 + 18 \times 1.2 + 8 \times 1.1 = 53.8$	$18 \times 1.3 + 20 \times 1.2 + 20 \times 1.1 = 69.4$

따라서 가장 가중치 점수가 높은 것은 A제품이며, 가장 낮은 것은 C제품이므로 정답은 A제품과 C제품이 된다.

---

11 ①

② A와 I가 같은 부서에 배정되어야 한다는 조건4를 만족하지 못한다.

③ 홍보부에 4명이 배정되어야 한다는 〈상황〉에 부합하지 못한다.

④ B와 C가 서로 다른 부서에 배정되어야 한다는 조건2를 만족하지 못한다.

---

12 ③

사원별로 성과상여금을 계산해보면 다음과 같다.

사원	평점 합	순위	산정금액
수현	20	5	200만 원×100%=200만 원
이현	25	3	200만 원×130%=260만 원
서현	22	4	500만 원×80%=400만 원
진현	18	6	500만 원×80%=400만 원
준현	28	1	400만 원×150%=600만 원
지현	27	2	400만 원×150%=600만 원

가장 많이 받은 금액은 600만 원이고 가장 적게 받은 금액은 200만 원이므로 이 둘의 차는 400만 원이다.

---

13 ①

㉠ 1일째와 2일째는 일비가 각각 80달러이고, 3일째는 여비액이 다를 경우 많은 액을 기준으로 삼는다 했으므로 80달러, 4~6일째는 각각 70달러이다. 따라서 총 일비는 450달러이다.

㉡ 1일째에서 2일째로 넘어가는 밤에는 항공편에서 숙박했고, 2일째에서 3일째 넘어가는 밤에는 숙박비가 233달러이다. 3일째에서 4일째로 넘어가는 밤과 4일째에서 5일째로 넘어가는 밤에는 각각 숙박비가 164달러이다. 5일째에서 6일째로 넘어가는 밤에는 항공편에서 숙박했다. 따라서 총 숙박비는 561달러이다.

---

14 ④

제외건수가 매일 5건씩 감소한다고 했으므로 11일째 되는 날 제외건수가 0이 되고 일별 심사 비용은 총 16.5억 원이 된다.

---

15 ①

(70억−16.5억)/500건=1,070만 원

16 ④

PPT작성이 도표작성보다 더 먼저 끝나므로 PPT를 작성한 사람이 발표원고를 작성하는 것이 일을 더 빨리 끝낼 수 있다.

---

17 ④

정해진 기한 내에 인적, 물적, 금전적 자원 한도 내에서 작업이 완료되는 경우 과제 수행 결과에 대한 평가가 좋게 이루어진다. 따라서 정은, 석준, 환욱은 좋은 평가를 받게 되고 영재는 예상보다 많은 양의 물적 자원을 사용하였으므로 가장 나쁜 평가를 받게 된다.

---

18 ③

최대 수익을 올리는 진행공정은 다음과 같다.

F(20일, 70명)			C(10일, 50명)
B(10일, 30명)	A(5일, 20명)		

F(85억) + B(20억) + A(15억) + C(40억) = 160억

---

19 ④

① 1,000원(체감비용) + 27,000원 = 28,000원
② 20,000원(토너) + 8,000원(A4용지) = 28,000원
③ 5,000원(체감비용) + 24,000원 = 29,000원
④ 10,000원(A4용지) + 1,000원(체감비용) + 16,000원(토너) = 27,000원

---

20 ②

① 품목별 예산제도 : 지출대상을 품목별로 분류해 그 지출대상과 한계를 명확히 규정하는 통제지향적 예산제도
③ 영기준예산제도 : 모든 예산항목에 대해 전년도 예산을 기준으로 잠정적인 예산을 책정하지 않고 모든 사업계획과 활동에 대해 법정경비 부분을 제외하고 영 기준(zero-base)을 적용하여 과거의 실적이나 효과, 정책의 우선순위를 엄격히 심사해 편성한 예산제도
④ 성과주의예산제도 : 예산을 기능별, 사업계획별, 활동별로 분류하여 예산의 지출과 성과의 관계를 명백히 하기 위한 예산제도

---

21 ③

직업불일치 상황에 놓여 있는 것은 성종의 친구 아들이다.

22 ②

① 「그는 어떤 일이나 약속을 하더라도 그때그때 기분에 따라서 행동을 하지 결코 계획을 세워 행동한 적이 없다.」→ 비계획적 행동

③ 「진수는 평소 시간에 대해서 중요하게 생각한 적이 없다. '시간이란 누구에게나 무한하게 있는 것으로 사람들은 왜 그렇게 시간을 중요하게 생각하는지 모르겠다.'」→ 자원에 대한 인식 부재

④ 「약간의 노하우만 있으면 쉽고 빨리 할 수 있는 일들도 진수는 다른 사람들에 비해 어렵고 오랜 시간을 들여 행하는 편이다.」→ 노하우 부족

---

23 ④

인건비, 출장비, 재료비 등은 비용 총액을 특정 제품이나 서비스의 생산에 기여한 몫만큼 배분하여 계산할 수 있기 때문에 해당 제품이나 서비스의 직접비용으로 간주할 수 있는 것이다. 반면, 보험료, 광고료, 건물관리비 등 공통적인 비용으로 계산될 수밖에 없는 비용들은 간접비로 분류한다. 제시된 내용들은 모두 이러한 비용들의 기여도별 분배가 가능한 것인지의 여부에 따라 구분되고 있다고 볼 수 있다.

1	④	2	①	3	③	4	①	5	③	6	③	7	③	8	②	9	②	10	②
11	③	12	④	13	②	14	③	15	②	16	③	17	③	18	②	19	①	20	③
21	④	22	①	23	②	24	④												

1　④

① 부팅이 안 될 때 문제해결을 위한 방법이다.

② 디스크 용량 부족 시 대처하는 방법이다.

2　①

지문과 홍채에 대한 연구 자료들을 모두 검색하는 것이므로 '지문'과 '홍채'라는 단어가 하나라도 들어있는 웹문서는 모두 검색해야 한다. 따라서 OR 연산자를 사용하면 된다.

3　③

제시된 것은 전세대란과 관련한 자료들이다. 각각 재건축 이주 수요 급증, 본격적인 저금리 기조에 따른 월세 전환 가속화, 짝수 해보다 전셋값이 더 뛰는 이른 바 '홀수 해' 효과를 나타낸 그래프이다. 임대차 기간을 현행 2년에서 3년으로 연장하게 되면 자칫 전셋값 상승을 불러올 수 있다. 따라서 근본적인 문제를 해결할 수 있다고 보기 어렵다.

4　①

문제에서는 서비스의 특징 중 '소멸성'에 대해 묻고 있다. 소멸성은 판매되지 않은 서비스는 사라지며 이를 재고로 보관할 수 없다는 것을 말한다. 설령, 구매되었다 하더라도 이는 1회로서 소멸을 하고, 더불어 이에 따르는 서비스의 편익도 사라지게 되는 것이다. 문제에서 보면, 운송약관 7번은 '사용하지 않은 승차권은 출발시간이 지나면 사용할 수 없습니다.'인데 이것은 제공되는 서비스를 해당 시점에서 즉각적으로 이용하지 못할 경우에 다음 날 같은 차량, 좌석번호가 일치하더라도 사용하지 못하는 즉, 해당 시점에서 사용하지 못한 서비스는 재고로 보관할 수 없다는 것을 의미한다.

5 ③

2011년 10월 생산품이므로 1110의 코드가 부여되며, 일본 '왈러스' 사는 5K, 여성용 02와 블라우스 해당 코드 006, 10,215번째 입고품의 시리얼 넘버 10215가 제품 코드로 사용되므로 1110 − 5K − 02006 − 10215가 된다.

---

6 ③

2008년 10월에 생산되었으며, 멕시코 Fama의 생산품이다. 또한, 아웃도어용 신발을 의미하며 910번째로 입고된 제품임을 알 수 있다.

---

7 ③

- 2015년 12월 : 1512
- 제주 2공장 : 7R
- 침실가구 장롱 : 01003
- 313번째로 생산 : 00313

---

8 ②

'15106P0200800024', '15072E0200900025' 총 2개이다.

---

9 ②

강경모(15063G0200700031)−공석준(15033G0301300003)

---

10 ②

a, S의 값의 변화과정을 표로 나타내면

a	S
2012	0
2012	0 + 2012
201	0 + 2012 + 201
20	0 + 2012 + 201 + 20
2	0 + 2012 + 201 + 20 + 2
0	0 + 2012 + 201 + 20 + 2 + 0

따라서 인쇄되는 S의 값은 0 + 2012 + 201 + 20 + 2 + 0 = 2235이다.

11 ③

A=1, S=1

A=2, S=1+2

A=3, S=1+2+3

...

A=10, S=1+2+3+⋯+10

∴ 출력되는 S의 값은 55이다.

---

12 ④

'=LARGE(B2:B7,2)'는 범위 안에 있는 값들 중에서 2번째로 큰 값을 찾으라는 수식이므로 800이 답이다.

---

13 ②

MOD(숫자, 나눌 값) : 숫자를 나눌 값으로 나누어 나머지가 표시된다. 따라서 7를 6으로 나누면 나머지가 1이 된다.

MODE : 최빈값을 나타내는 함수이다. 위의 시트에서 6이 최빈값이다.

---

14 ③

COUNTBLANK 함수는 비어있는 셀의 개수를 세어준다. COUNT 함수는 숫자가 입력된 셀의 개수를 세어주는 반면 COUNTA 함수는 숫자는 물론 문자가 입력된 셀의 개수를 세어준다. 즉, 비어있지 않은 셀의 개수를 세어주기 때문에 이 문제에서는 COUNTA 함수를 사용해야 한다.

---

15 ②

① 'ㅎ'을 누르면 2명이 뜬다(민하린, 김혜서).

③ '55'를 누르면 3명이 뜬다(0254685554, 0514954554, 0319485575).

④ 'ㅂ'을 누르면 1명이 뜬다(심빈우).

---

16 ③

㉠ 1회전

9↔6	7	3	5	
6	9↔7	3	5	
6	7	9↔3	5	
6	7	3	9↔5	
6	7	3	5	9

6	7↔3		5	9
6	3	7↔5		9
6	3	5	7	9

ⓒ 3회전

6↔3		5	7	9
3	6↔5		7	9
3	5	6	7	9

17 ③

'차수'는 한 노드에 대한 서브트리의 개수를 말하는데 이 그림에서는 노드 D의 차수가 4로 가장 크다. 따라서 '트리의 차수'는 4이다.

18 ②

숫자는 1, 4, 7, 10, 13, 16으로 채워지고 요일은 월, 수, 금, 일, 화, 목으로 채워지고 있다. 따라서 A6값은 16이고 B6값은 목요일이다.

19 ①

파일의 용량을 줄이거나 화면크기를 변경하는 등 정보의 형태나 형식을 변환하는 처리 방식을 인코딩이라 한다.

20 ③

③ 2차 자료

①②④ 1차 자료

※ 정보원

ⓐ 1차 자료 : 원래의 연구 성과가 기록된 자료로 단행본, 학술지, 연구보고서, 학위논문, 신문·잡지 등이 해당한다.

ⓑ 2차 자료 : 1차 자료를 압축·정리하여 사용하기 효과적인 형태로 제공하는 자료로 사전, 백과사전, 편람, 연감, 서지데이터베이스 등이 해당한다.

21 ④

㈜는 G3부터 G12 값의 합이다. 따라서 '=SUM(G3:G12)'로 구할 수 있다.

22 ①

② **엑스트라넷(extranet)** :인트라넷의 확장형이라 생각할 수 있는데 인터넷을 통해 사내 정보를 이용할 수 있도록 한 인트라넷을 외부보안을 유지한 채 협력업체나 고객들이 각자의 전산망을 이용하여 업무를 처리할 수 있도록 연결한 것이다.

③ **원격접속(remote desktop)** :자신이 사용권한을 가지고 있는 전제하에 다른 곳에 위치한 컴퓨터를 온라인으로 연결(TCP/IP체계)하여 사용하는 서비스를 말한다.

④ **그룹웨어(groupware)** :기업 전산망에 전자 우편과 전자 결재 시스템으로 데이터베이스 프로그램을 결합하여, 조직 사이의 의사소통을 원활하게 하고 업무 효율을 높일 수 있도록 만든 컴퓨터 프로그램을 말한다.

---

23 ②

알파벳 중 U, M 2개가 일치하기 때문에 시스템 상태는 경계 수준이며, input code는 alert이다.

---

24 ④

10개의 알파벳이 모두 일치하기 때문에 시스템 상태는 위험 수준이며, input code는 danger이다.

기술능력(전기/ICT)

CHAPTER 06

1	②	2	②	3	②	4	③	5	②	6	④	7	④	8	②	9	③	10	①
11	③	12	④	13	①	14	③	15	③	16	④	17	②	18	④	19	④	20	③

1 ②

(내)-특허권, (래)-실용신안권, (가)-디자인권, (다)-상표권

- **특허권** : 특허법에 의해 독점적으로 이용할 수 있는 권리
- **실용신안권** : 산업 상 이용할 수 있는 물품의 형상이나 구조 또는 조합에 대한 고안으로 특허청에 이를 등록함으로써 권리에 대한 효력이 발생한다.
- **디자인권** : 공업소유권의 하나로 디자인을 등록한 자가 그 등록 디자인에 대해 향유하는 독점적 · 배타적 권리
- **상표권** : 등록상표를 해당 지정상품에 독점적으로 사용할 수 있는 권리

---

2 ②

네트워크 혁명의 역기능으로 정보기술을 이용한 감시, 인터넷 게임과 채팅 중독, 디지털 격차, 정보화에 따른 실업의 증가, 범죄 및 반사회적인 사이트의 활성화 등을 들 수 있다.

---

3 ②

② ㉠-유해 위험 작업 교육 불충분, ㉡-생산 공정의 부적당, ㉢-안전관리 조직의 결함

---

4 ③

어떤 일의 진행 방식이나 지켜야 할 규칙, 관리 상의 절차 등을 일관성 있게 여러 사람이 보고 따라할 수 있도록 표준화하여 설명하는 지침서로 프랜차이즈 점포의 '편의점 운영 매뉴얼', '제품 진열 매뉴얼'이나 기업의 '부서 운영 매뉴얼', '품질 경영 매뉴얼' 등이 그 예이다.

---

5 ②

1단계-안전관리조직, 2단계-원인 분석, 3단계-기술 공고화, 4단계-시정책 적용 및 뒤처리

※ **산업재해의 예방대책** … 안전관리조직→사실의 발견→원인 분석→기술 공고화→시정책 적용 및 뒤처리

6 ④

지식재산권의 특징

㉠ 지식재산권을 활용한 다국적 기업화가 이루어지고 있다.

㉡ 연쇄적인 기술개발을 촉진하는 계기를 마련해 주고 있다.

㉢ 국가 산업발전 및 경쟁력을 결정짓는 '산업자본'이다.

㉣ 눈에 보이지 않는 무형의 재산이다.

---

7 ④

④는 흡입력이 약해졌을 때의 조치방법이다.

---

8 ②

로봇청소기가 충전 중이지 않은 상태로 아무 동작 없이 10분이 경과되면 자동으로 충전대 탐색을 시작한다. 충전대 탐색에 성공하면 충전을 시작하고 충전대를 찾지 못하면 처음위치로 복귀하여 10분 후에 자동으로 전원이 꺼진다.

---

9 ③

① 충전이 되지 않을 때의 조치방법이다.

② 회전솔이 회전하지 않을 때의 조치방법이다.

④ 흡입력이 약해졌을 때의 조치방법이다.

---

10 ①

• X는 가로축 눈금의 수, Y는 세로축 눈금의 수

• C는 원, T는 삼각형, Q는 마름모

• 괄호 안의 숫자는 (가로축 좌표, 세로축 좌표)

• 괄호 옆의 알파벳은 도형의 색깔(L은 왼쪽 절반만 색을 칠하고, R은 오른쪽 절반만 색을 칠하고, W는 흰색, B는 검정색)

따라서 위의 그래프를 보면 가로축의 눈금은 4개, 세로축의 눈금은 4이므로 X4/Y4이다. 원은 가로축이 1, 세로축이 3, 오른쪽 절반만 색이 칠해져 있으므로 C(1,3):R이다. 삼각형은 가로축이 4, 세로축이 2, 검정색이므로 T(4,2):B이다. 마름모는 가로축이 3, 세로축이 2, 왼쪽 절반만 색이 칠해져 있으므로 Q(3,2):L이다.

11 ③

① T(5,3):W, Q(2,5):R이 잘못 출력되었다.

② X6/Y6, Q(2,5):R이 잘못 출력되었다.

④ X6/Y6, T(5,3):W가 잘못 출력되었다.

---

12 ④

올바르게 산출된 그래프는 다음과 같다.

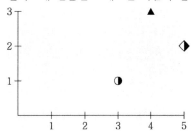

---

13 ①

기술적용 시 고려해야 할 사항으로 잠재적 응용 가능성, 수명주기, 비용, 전략적 중요도 등을 들 수 있다.

---

14 ③

기술관리자에게 요구되는 능력이다.

---

15 ③

③은 냄새가 나는 경우 확인해봐야 하는 사항이다.

---

16 ④

④는 세척이 잘 되지 않는 경우의 조치방법이다.

---

17 ②

버튼 잠금 설정이 되어 있는 경우 '헹굼/건조'와 '살균' 버튼을 동시에 2초간 눌러서 해제할 수 있다.

18 ④

레버가 모두 올라가 있으므로 오류값들의 평균값을 구해야 한다.

$$\frac{1+5+7+9}{4}=5.5$$

반올림을 하므로 6이 되어 경고→파란 버튼을 누른다.

그러나 올라간 레버가 2개 이상이므로 빨간 버튼도 함께 눌러야 한다.

---

19 ④

◆, △를 누르면 다음과 같은 순서로 변화하게 된다.

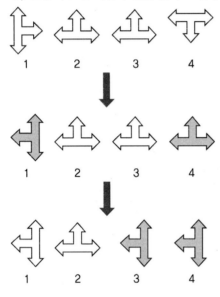

---

20 ③

★, ▲, ◆를 누르면 다음과 같은 순서로 변화하게 된다.

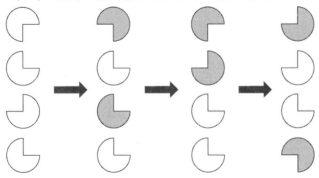

서원각과 함께

꿈의 날개를 펴요

기업체 시리즈

TS한국교통안전공단

국가철도공단

LX한국국토정보공사

국민체육진흥공단